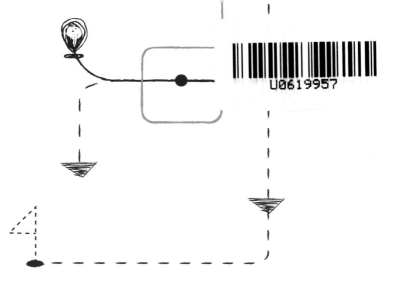

[澳] 多琳·罗森塔尔
Doreen Rosenthal

[澳] 苏珊·M. 摩尔
Susan M. Moore

著

**退休心理学**

W
万物心理学书系

上海教育出版社
SHANGHAI EDUCATIONAL
PUBLISHING HOUSE

陈珊珊
译

# 目　录

# 致 谢

我们心怀感激，向我们的同仁和机构致以最深的谢意——墨尔本大学人口健康学院的妇女健康、性别与社会研究中心，以及斯威本科技大学健康、艺术与设计学院心理科学系，感谢他们提供宝贵的资源，使得本书得以圆满完成。同样，我们也要向研究助理亚历克斯·波尔（Alex Poll）和凯瑞·尚德利（Kerrie Shandley）表达我们的谢意，他们以一丝不苟的精神，为我们的研究工作提供了大力协助。我们还要特别感谢那些无私分享宝贵时间和深思熟虑见解的男士和女士们，他们的贡献是我们研究中不可或缺的一部分。我们对出版商一如既往的支持与鼓励表示衷心的感谢。最后，再次向伊恩（Ian）和大卫（David）致以诚挚的感激，谢谢他们始终如一的支持。

# 第一章　退休新气象

## 银发力量

您正准备退休吗？还是已经退居二线了？有个思想实验想邀您参加。如果可以的话，将您和父母及祖辈们退休时（如果他们有机会退休的话）的状况做个比较，您是年轻一些还是年长一些？身体状况是更健康还是更糟糕？经济状况是更宽裕还是更拮据？和祖父母、父母相比，您对退休、生命的质量和寿命有着怎样的期待？您的母亲或祖母是否曾在有薪工作岗位上而有资格"退休"？还是她们继续承担着操持家务和照顾家人的工作，退休年龄无从谈起？

诚然，各人的回忆都不尽相同，但是"婴儿潮"

这代人拥有一些共同记忆：父辈们退休后大多没几年就过世了，而他们的母亲一辈子都在家中操劳，要寡居多年。考虑到上一代人的平均寿命，这代人中有很多人大概率没见过自己的祖父母。19世纪90年代出生的人，男性的平均寿命只有44岁，女性则是48岁。到了20世纪20年代，男性的平均寿命上升至55.6岁，女性则上升至59.6岁。<sup>①</sup>这两辈的人只要活到了"退休年龄"，就算幸运儿。根据英国国家统计局（Office for National Statistics）2016年发布的数据，英国男性的预期寿命为79.1岁，女性则高达82.5岁。<sup>②</sup>相较于20世纪80年代，男性的平均寿命增加了8岁，女性增加了6岁。对于那些能幸运活到退休年龄的人，他们的寿命还可能更长。2013—2015年，英国正常退休的男性平均还有18.5年的寿命（活到83.5岁），退休女性则还有20.9年的寿命（活到将近86岁）。美国、澳大利亚、加拿大、新西兰以及很多欧洲国家都有类似的统计数据。

从这些数据中可以看到两个明显趋势，这些趋势不仅出现在发达国家，它们在全世界都存在。首先，人类的寿命越来越长，通常比60—65岁的退休年龄还要长很多年。其次，男性和女性的寿命差距因国家和时代的不同而略有差异。目前在发达国家，这一差距是3—5年，但它正在不断缩小（尽管速度没有预期中那么快）。有了更好的医疗和健康服务，寿命自然会延长。生活条件、饮食和医疗服务的改善以及公众对健康生活方式的接纳，都为寿命的延长贡献了力量。

这些人口统计事实背后蕴含着一些重要的启示。首先，退休不再被视为不可避免的疾病和死亡到来之前的短暂时光。一个人退休后还可以拥有20—30年的时间，这甚至占据了整个人生的三分之一。这是人生的一个全新阶段，也是我们心理成长的新挑战。和其他人生阶段一样，我们会遭遇转变、调整、心理成长的机遇和陷阱。我们需要在退休岁月中找点事情做，过有意义且充实的生活。

其次，预期寿命在性别上存在差异，大部分女性的伴侣又是比自己稍年长的男性，这意味着女性比伴侣多活5—10年（在某些情况下会更长）的概率很高。多数女性，甚至可以说绝大多数女性，在生命的暮年将独自度过。我们审视人生的最后阶段，会发现衰老才是最大的隐患，但这并不是本书讨论的重点。对我们来说，值得关注的是亲密的家庭关系和女性间的闺蜜情谊会提供实实在在的精神支撑。在刚刚退休时，加强和维系这些情感关系的机会很多。即便是在积极为退休作准备的此时此刻，这样做也是非常有益的。当衰老不可避免地到来时，这些会有助于建立一个支持性情感堡垒。

最后，随着世界人口老龄化的加剧，退休群体在不断壮大，"婴儿潮"这代人都已经60多岁或70多岁，他们正在大规模退休，拿着年金和政府养老金，享受着医疗资源。这是否意味着退休人士已经成了国民经济的沉重负担？还是他们依然有能力去奉献，如作为消费者和投资者，作为孙辈和年长亲戚的照顾者，作为家庭的导师和支柱——虽然不参加社会劳动，但产生的社会价值远远超过前者？只有时间能给我们答案，但很明显，政府很担忧这一庞大群体给经济带来的影响，因此很多国家都延迟了退休年龄，这样社会服务和退休金才能供应得上。③当然，老年人在带薪岗位上待的时间越长，越会产生一系列无心或有意的连锁效应。略举几例，劳动力市场、志愿者队伍、儿童保育、旅游和住宅产业等，都能感受到这些效应的力量。

作为一种平衡方式，我们应当意识到，退休人士增多使这个群体成为一个庞大的投票集团，政府面临着为他们提供服务、听取投诉和建议的压力。要知道，退休人士也是有力量的！

## 退休意味着什么？

　　退休就是新的晋升之路。④

　　字典中对"退休"的定义是，"离职并停止工作，通常指达到正常离职年龄时"，这当然是传统的退休观念。某天，您和同事们一起喝完早茶，他们送您一块金表，或者更多的时候是送上一束鲜花，然后您就可以离开去享受"领着养老金的休闲时光"，打打高尔夫，钓钓鱼，烤烤司康饼。莎士比亚借年老的李尔王之口表达了他想退休的愿望：

　　……这是我们的本意，

　　摆脱我们这个时代的一切忧虑和事物，

　　把它们都交给年轻一代，而我们

　　卸下重担，缓缓走向死亡的彼岸。

这种表述简单、粗暴且不准确。退休后我们用不着花一二十年来安排身后事，退休只是人生的又一阶段，有更多事情等着去做，有更多的经验和乐趣可以获取。我们在一项课题研究中收获了退休人士的评论，从中能感受到新近一批退休的人已经意识到这种改变。⑤多数人都认为，退休是新的开始，而不是结束。不过，有些人对"退休"这个字眼颇为不适，觉得这和他们积极面对生活的状态不吻合。

我把退休看作重塑自我的机会。

什么是退休？我有三份义务工作要去做，有几位年长的亲戚和一个小孙子要照顾，有家和花园要打理，要去上健身课，还有一些别的事，我都忙不过来了。退休后宁静的生活状态是啥滋味？我全然不知。

我没有"退而休之"，我只是在传统意义上停止工作了，但我并非完全停止工作。"退休"这个字眼只不过意味着告别一种生活方式，迎接另一种生活罢了。

研究退休现象的学者与退休人士一样，也很难定义什么是退休。在一篇重要的心理学文献的评论中，王默（Wang Mo，音译）和石均琪（Shi Junqi，音译）指出，学者使用了许多不同的定义，包括职业生涯终止、工作量减少、领取养老金或社保福利、自我评估进入退休状态或达到一定年龄。[⑥] 这些定义存在很多歧义。举例来说，"职业生涯终止"可能意味着从一个长期从事的行业退休，进入另一个行业。在我们的研究中，有些人还在探讨第二次甚至第三次退休。试想，如果一个人从全职到兼职，再到临时工模式，的确很难精准界定职业"终止"发生在何时。

　　年龄并不是衡量退休状态的一个清晰标签。有些人永远不会退休，尤其是个体经营者。在大多数发达国家，强制退休年龄已不复存在，但一些特定职业除外，这些职业通常被认为风险高或对心理和生理的敏锐度要求很高，如飞行员、法官和军人。制约"晚退"（指70多岁或80多岁退休）最主要的因素是健康、个人喜好、是否容易找到工作以及是否热爱工作。

　　个人偏好和经济状况通常会阻碍提前退休（如50多岁时退休）。因为在达到特定年龄之前退休通常不可能拿到政府发放的养老金。在大多数西方国家，领取福利的资格年龄在60—65岁之间，但随着世界人口老龄化和越来越多的退休者需要养老金，退休年龄正在逐年上升。甚至在某个年龄之前动用自己的退休金储蓄，还会产生经济损失，如税费增加。

领政府养老金或退休金不一定意味着一个人已经退休。很多人退了但还工作是为了增加收入，或者仅仅是为了享受工作。一些研究人员将退休者定义为"养老金超过在职薪水金额的人"，但这种看似客观的定义也不一定与人们的自我认知一致。

罗伯特·S. 韦斯（Robert S. Weiss）认为，退休可以从三个方面来界定。经济上的定义是指老年人不再从事有报酬工作的阶段；社会学上的定义是指人们达到社会可接受的不再工作的年龄；心理学上的定义则强调个人的自我定义。[7] 这本书主要面向那些自我定义为退休者或准备退休的人，虽然我们讨论了使用其他退休定义的研究，但我们更倾向采用自我报告的方法。

本章节开篇的口号将退休比喻为一种晋升，为我们如何看待这一人生阶段提供了全新的视角。它与《李尔王》中引言所描绘的意象大相径庭。将退休描述为

"晋升"提醒我们，无论退休如何被定义，这一阶段都可能是洋溢着活力、积极向上且充满挑战的。

## 退休的理由、方式和类型

### 理由

理想情况下，退休时间是可以提前选择和规划好的。但令人沮丧的是，在现实生活中，这样的选择机会并不总是存在。五六十岁的工人可能会面临被裁员的窘境，很难甚至不可能找到其他工作；有些人则会因为健康状态不佳、需要照料他人、工作压力或者工作场所改变，如新技术的引入等多种原因而被迫退休。

退休后的幸福指数以及能否坦然面对这段生命历程与退休原因密切相关。[8] 在我们的研究中，那些被裁员的人对他们的财务状况、社会生活、身体活动水平、生活质量和生活总体的满意度明显低于自愿离职的人。他们认为自己在经济上缺乏安全感，这毫无疑问是因为他们可规划和可积累存款及退休金的时间相对较少。

来自世界各地的研究都表明，能自主选择退休时间和退休环境的人，退休后的感受更好，这一点不足为奇。健康状况不佳、家庭压力和工作机构方面的原因既会影响人们的财务状况，也会影响其未来的身心健康和人际关系的质量。当然，这只是趋势。许多人被裁员后重整旗鼓，他们发现退休后生活压力较小，并且/或者能够在有更多休息和放松的情况下，改善健康状况。我们的研究参与者的一些案例说明了人的这种适应力。

知道被裁员时，我选择了坦然接受。我不想再被派到别的地区或别的州了。作出这个决定并与之和解，是一个非常艰难的过程……听上去有点消极，但如今我非常庆幸不用在如此有压力的行业继续干下去。

能在裁员的时候退休我感觉很幸运，因为我能在父母在世的最后几年真正地照顾他们。我的妹妹们工作负担太重，没法抽出时间来照顾老人。她们都很感激我能把这一切料理好，我也为自己能够做到这一切而感到欣慰。

## 方式

至少存在三种不同风格的退休方式。⑨

第一种就是传统的"骤然停止"模式，带薪工作说停就停。头一天还在职场拼搏，第二天说退就退，琢磨着将大把的时间用在哪里。选择或不得不接受这种方式的人大多不适应整日"钓钓鱼"的优哉游哉的生活，很多人会加入志愿者团队、照顾孙辈、在俱乐部里打发时间、参加竞技体育、旅游、整理花园、学习、把家里重新装修一下……这份清单可以一直列下去。对于这一群体，以前的职业兴趣、与过去工作场所的联系以及作为上班族的身份认同感可能会逐渐消失，会出现甚至增强与过去不同的自我定义，如志愿者、祖父母、手艺人或者高尔夫运动员。这个群体面对的挑战是孤独、无聊和社交上的孤立，若无规划和可参与的组织，闲居时无聊的时间可能会变得难以消磨。

第二种是渐进式过渡模式，即人们用兼职或临时工的方式逐渐退出工作舞台。可能没有一个清晰的时间节点来定义他们是否已经退休，所以他们作为工作者的身份比说退就退的人维持得更久。专业技术人士和自己经营企业的人通常会选择以这种方式比较体面地离开有薪工作，留出时间去尝试或体验与工作无关的兴趣和活动。一位学者这样说：

我用了五年左右的时间慢下来,从一周工作五天到一周四天,再到一周三天,最后是一周两天。这样我可以完成手头的项目,逐步移交一些工作。这也意味着这五年来我每周都有完整的一天来陪伴两个还在上托班的孙子和孙女,但同时我也有借口不必过于投入地照顾他们。

对于那些享受工作的人,渐进式退休的模式有诸多好处。随着年龄的增长,他们会发现全职工作的压力越来越大,对生命有限的认知也越来越强烈。问题是他们很难从员工身份中抽离出来,因而过久地推迟了想要参加的活动,如旅行或者增强社会关系的活动。如果一个人想从英格兰的最南端徒步到苏格兰的最北角,60岁的时候尝试可能比80岁的时候要好;如果想和孙辈拥有更紧密的亲情,最好不要等到他们成长为青少年或成年人才开始。

第三种被称为"转型式"模式。这类退休者会开启新项目(甚至是新职业),这会占据他们的大部分时间,也会使他们获得新的身份和自我描述,有时会关乎一生梦想的实现。举个例子，一些人特别想展现自己的创造力，中年时苦于没有时间，经济上也不允许去全力追求梦想，退休后他们开始上艺术课程，接着到处去画画，最后举办了画展，以前的会计或数学老师如今转型成了艺术家。

当一个人尝试和寻找新方式来充实自己的时间，新的兴趣就成为新的追求，继而引发转型式退休。有时候只是机缘巧合，如一次偶然的会面或报纸上的一篇文章引发一连串事件，最终为退休者带来了全新的职业生涯，不管是有薪的还是无薪的。举几个例子：

我压根没想到，退休后偶然拾起的一个爱好（剪纸）会让我有能力建立自己的小小家庭手工作坊。我之所以很努力，是因为我乐在其中。最终我在当地的工艺品市场赚到足够的钱，可以出国旅游两三个月。

我没想到我和丈夫会创办一个慈善机构。它的发展远远超出我们最初的设想，现在我们开始忙着寻找接班人了。

转型类退休者面临的一个挑战是，他们可能发现，自己需要不止一次退休！事实上，这些不同的退休方式并不会相互排斥。一个人也许会在经历漫长的职业生涯后完全退下来，花一两年回归家庭，好好地休闲和放松，继而重返同一个或不同的工作场所，以全职或兼职的方式继续干下去。所以，只要退休者的健康状况良好，有事可做，就可以灵活处理。事实上，我们正在探讨"重归职场"作为极佳财务策略的价值，尤其对于那些提前退休的人，他们很快会发现，退休金比自己想象的要缩水得快。

## 类型

咨询心理学家南希·施洛斯伯格（Nancy Schlossberg）依据人的心理和行为特征，而非工作模式，把退休人士分成六种类型。[⑩]

"继续者"保持了退休前的兴趣和技能，在未来的工作、志愿者服务和业余爱好中继续发光发热；"冒险家"退休后开始全新的探索，通常会选取他们工作期间没时间从事的一些活动，如旅游或艺术探索；"探寻者"会尝试一系列新活动，反复探索以体验新乐趣；

"滑翔者"生活的目的性不强，每天自由而灵活，没有固定的事要完成；"归隐者"放弃之前的追求，开始放松身心；"参与式旁观者"没有"继续者""冒险家""探寻者"那么积极，虽具有"归隐者"的一些特征，但他们会对周遭世界保持高度的兴趣。

退休者的类型在一定程度上与人格特征有关，但正如施洛斯伯格指出的，它也可能取决于很多别的因素，如退休年龄、身心健康状况、经济状况和家庭环境。一个人的退休类型可能随着退休时间（和年龄）的增长而变化，并非一成不变。

## 失去工作：应对三个恶魔

工作撵走三个恶魔：无聊、堕落和贫穷。⑪

为什么全生命周期心理学家将退休视为一种调整，一种需要一定程度的应对和适应的生活改变？难道不是每个人都想着丢开工作，去随心所欲地放松一下吗？有什么问题吗？为何要如此大惊小怪？

工作，尤其是一个人所热爱的工作，带来的不仅仅是薪水。当然，我们工作是为了生计，但即便是不特别喜欢的工作，也会给生活方式带来积极影响。1933年的一份有关失业的著名研究到今天仍具有现实意义，该研究详细叙述了工作的潜在（或不太明显）功能。⑫

玛丽·贾霍达（Marie Jahoda）及其同事成为奥地利马琳塔尔镇（Marienthal）民众生活的参与者和观察者，一家雇用了大部分镇上居民的重点企业最近倒闭了，大部分人失业了，但由此而生的冷漠、消沉和无助比经济困难带来的物资匮乏对人们的影响更大。尽管失业和退休不是一回事，但它们都需要人们用积极的人生态度来重新安排曾经被工作占据的时间。

事实上，这份经典研究报告发现，工作的一个重要潜在功能就是帮助我们安排好时间。我们需要一个理由在清晨的特定时间起床，把自己收拾得干净利落，保持健康和清醒。当一天的工作结束，我们期待着在有限的闲暇时间里犒劳自己。失业的人会发现自己有太多空闲时间，缺少工作带来的时间上的周密安排会让他们觉得无聊，缺乏动力。当我们询问退休人士最怀念工作中的哪方面时，相当多的人对此发表了评论。

我怀念工作时工作职责和活动都安排得清晰、明确的感觉。

也许我唯一怀念的就是工作时时间会安排得很紧凑。如今，我必须把时间安排好，这样我才不会到处闲逛，无所事事。

保持正常社交也是工作的另一重要潜在功能。在大多数工作场合，人们经常聚在一起聊天。现在在家办公越来越普遍，这也许意味着这类员工在退休之前就要解决社交孤立的问题。在工作场所，人们每天都会遇到同事或客户，可以分享经验和目标，与同事及职场朋友的交流会让人充实，开阔眼界，带来思考，也为与家人和朋友聚会时的聊天增加谈资和话题。无需特别安排就能建立工作社交，因为它本就是工作的一部分。退休者面临的一个挑战就是社交孤立和孤独感，除非他们能有意识地努力发展和保持与他人的交往。我们会在第五章讨论退休带来的这一重要转变。

退休人士向我们倾诉，社交是他们怀念职场的重要因素之一，特别是在刚刚退休，尚未加入新的社交群体之前。

我很怀念团队工作中大家的陪伴，怀念曾给我带来欢乐的一些社会关系网。

我最初怀念我曾身为团队的一员，但随着时间流逝，别的社交团体替代了我的工作团队，我便不再想念以前的工作团队了。

工作的第三个潜在功能是带来集体归属感（在以上引文的字里行间可以感受到）。作为团队的一员会让人感觉自己是有用的，是被需要的，也能为实现共同目标出把力，这也许源于无私奉献（帮助他人）、品质（制造出美观或功能性强的物品）、生产（提高上个月的销售额）、竞争（成为最赚钱的部门）或者别的工作价值观和一些整合的价值观。退休的人可以在志愿者服务或创造性工作中，甚至在家庭中重新建立集体归属感，但要做到这一点，需要自我激励和自我引导，有时很难持之以恒。退休的人这样描述他们的感受：

我怀念之前每天都有清晰的目标、计划和任务摆在面前。

（我怀念）每天花时间为造福社区和改善人们生活方式的项目而工作，这给我的生活提供了更广阔的目标。

工作的另一功能——即便仅仅是被雇用的事实——也会为人们确立社会地位，一个可以用几个字总结的身份——"我是药剂师"或"我是汽车销售员"，专业人员和技术工人尤其如此。失业人士，还有部分退休人士，容易觉得自己的社会价值比较低，产生羞耻感，一位退休博主西德（Syd）称此为"鸡尾酒会困境"。[13]面对陌生人时，如何回答一些不可避免的关于职业生涯的问题？西德探讨并记录下他的担忧："我会不会对他人不再有吸引力？"

我发现一旦告诉别人我退休了，对话就继续不下去了。……也许某些人认为"退休"是失业的委婉说法。……还有些人会问我整日做些什么，通常会用一种确信的口吻说，如果他们退休了，他们的生活会无聊透了。说句公道话，如果按照回忆细数自己每天实际上都做了些啥，听起来确实会觉得有点乏味。

**接受我们采访的退休女性也持同样的看法：**

我怀念被认可的感觉和曾经拥有的社会地位。

我怀念我的身份。没有了工作名片，我又是谁？

最后，工作让我们的精神和身体保持积极向上的状态，让我们和外界保持互动和交流，这可以锻炼身心。退休的人面临的风险是会变成一个成天宅在家看电视的人，没有外界刺激，没有动力，对任何事都提不起兴趣。当然，退休后可以放轻松，去享受休息和休闲，但同时也需要一些兴趣爱好和活动，这样才能忙碌起来，与他人有交集。有兴趣爱好的人退休后会迫不及待地去做想做的事，但另一些人，尤其是那些工作狂，也许需要更多的时间和精力去找到新的既有意义又让人享受的事情。

一位退休者在解释自己最怀念职业生涯中的什么时，总结了工作的作用：

我怀念与同事的交流和互动，工作时间安排紧凑，做一些有意义且有趣的事情，学习新技能并保持现有技能，和团队在某个项目上通力合作，有归属感。

这样看来，退休人士面临的主要心理社会挑战是，找到新的活动和思维方式来取代工作在生活中曾经扮演的角色。本书接下来会更细致地探讨为实现这一转变，我们可以采用的一些较成功或不那么成功的方法。

## 关于这本书

本书追溯了当今退休者的生命之旅，从一开始的精心规划与决策，到满怀希望的憧憬，再到初探退休生活的体验以及其中的喜悦与失落。我们深入探讨了影响他们成功或不成功应对这一生命阶段的种种因素，特别关注财务安全、健康维护、社交纽带的维系，以及在退休岁月中身份的重塑。我们分别描述了男性和女性的退休体验，探讨他们在资源和应对风格上的异同。我们也探讨如何才能促成卓有成效的退休，用当前的研究回答诸如"何时才是最佳退休时间？""我应当如何规划退休生活？""退休生活中有哪些陷阱？"等问题。

研究退休体验的一个关键问题是，它的结果很容易与衰老的影响混淆在一起。例如，如果退休者的健康状况变化了，那么这是退休导致的，还是因为这个群体本身就在经历衰老的过程？一些很细致的研究已经能够（在某种程度上）通过统计学方法，或比较上班族和退休族的年龄以及其他重要变量（如社会经济地位匹配等）来分离这些影响。在关于健康和退休的章节中，我们对该问题进行了深入的讨论，但在继续阅读的时候，有一点要牢记在心：在某种意义上，不可能把退休的影响和衰老的影响彻底分离，因为它们是同时发生的。

本书借鉴了当代定性和定量心理学研究，并将这些研究置于其社会背景之中。全书聚焦于老年人群体，特别关注了澳大利亚退休女性群体大规模的民意调查、有关祖父母的著作，以及我们在很多面向退休者的说明会上收集到的反馈。我们大量引用这些资料来解释和拓展社会科学文献中的发现。

# 第二章　踏上新旅程：
# 从职场人士到退休人士的转变

　　退休引领我们从生命的一章跨入下一章，带我们踏上新的心灵之旅。从生理上过渡到退休——也就是离开职场——所需时间不一定与心灵旅程所需时间完全吻合，人与人有所不同。有些人一夜之间就退休了，他们会无缝投入已经计划好的活动、新角色，更多地参与已经存在的非工作角色，如祖父母的角色。而另一些人会发现，自己的生活缺乏规律的安排，感到手足无措，需要更多的时间去调整。对一些人来说，渐进式退休有助于他们适应新的角色；对另一些人而言，这可能只是推迟退休进程，将其变成一场更漫长的征途。

　　像退休这样的生活转变是一种发展性变化，涉及与以往生活的断舍离。这种中断发生得很迅速且不可逆，即便它可能对我们有益，应付起来也相当困难。第一次为人父母就是这种人生突然迎来转变且不可逆的事件的最佳范例，彼时虽然心中充满喜悦和美好，但新手父母还是会有情绪上的起起伏伏，有时情绪高亢，有时不堪重负。随着时间的推移，他们学会调整生活方式和期望，构建一个全新的"家庭"现实，以取代之前两人营造的"夫妻关系"。

所有转变皆是如此。转变要求我们学习新的生存之道，以适应全新的期望和角色。我们步入退休，就从一个相对可预测的生存方式进入未知领域。我们是否仍需早起，装扮得体？今天将完成哪些任务？将与谁交谈？不管怎样，如果不关注职场问题和以前的同事，还有什么可以聊的呢？适应这些变化需要情绪上的调整：让人迷惘还算好的，最糟糕的情况是，我们会感到抑郁。同样，如果我们以前对退休人士有消极的刻板印象，认为他们"过了使用期限"，我们的态度尤其需要改变。更重要的是，我们的自我认同需要重构。如果我们不再是医生、教师、销售人员、管理员、出租车司机……我们究竟是谁呢？

作家马克·P.库森（Mark P. Cussen）认为，退休之旅可分为六个典型阶段：规划退休（退休前阶段）、大日子（告别职场）、退休蜜月期、幻灭期、重新定位和确立新生活。[①] 在这一章节中，我们将依次阐述每一阶段。但请记住，并不是所有退休的人都会遵循相同的路径或相同的顺序：一段时间内，逐步退休的人可能会更温和地完成过渡；并不是所有人都会经历退休蜜月期或幻灭期；第二次甚至第三次退休的人，也可能有不同的经历；被裁员和存在其他退休压力可能使调整变得更困难，过程也比自由选择退休的人所用时间更长。有了这些提示，许多退休人士会意识到自己经历了库森总结的这些阶段。承认这些阶段的典型性会有助于改变自我认识，并为正在思考将来如何退休的人提供帮助。

## 规划退休

想象退休生活是规划退休的前奏。在 20 多岁、30 多岁和 40 多岁时，你对这一人生阶段有何设想？也许你会将对退休的刻板印象和对老年人的刻板印象混为一谈，认定退休就意味着离开职场和年老体弱。也许您会想象一个永无止境的假期，一种可以随心所欲睡到自然醒、沉迷于阅读或打高尔夫的日子，并且无须回应任何人。更有可能的是，你压根儿没想过退休，只是偶尔会注意到工资里被扣掉的养老金。

但人步入五六十岁，关于退休的思考就会变得更强烈。你会与其他人交谈，收集信息，考虑何时离职，制定恰当的离职策略，审视自己的财务状况，以及思考未来的生活和所扮演的角色，这些会成为生活方式的一部分。我们会开始为这种变化作好心理准备，这些都很常见，也有益于身心健康。有研究发现，规划退休有助于调整和提高退休后的满意度，但在当下的忧虑迫在眉睫之际，为未来做好心理准备绝非易事。

我们将在下一章详细讨论财务规划，这一点非常重要，可惜的是，许多人认为财务规划困难重重、无聊透顶且令人焦虑。美国的一项调查研究显示，近半数的受访者发现自己很难深入思考，更遑论规划退休后的财务状态。[2] 在接受调查的人中，很少有人计算过退休后手头需要有多少钱，更不知道如何计算，但这类计算对于决定何时退休至关重要。哪怕只是延迟一到两年退休，也可以帮助人们还清债务，增加储蓄，有时还能获得更多的社会保障福利和养老金。美国的研究发现，女性对于财务规划尤其束手无策，态度消极且深感困惑。许多女性承认，尽管她们对此忧心忡忡，但还是会回避这件事。我们和旁人的研究都表明，那些制定财务计划的人退休后在经济上更有保障，这一点不足为奇，因为这是退休后的调整和晚年生活满意度最强的预测因素之一。

但规划并不全部围绕钱而展开，正如一位退休者这样对我们说：

> 我还没有足够的心理准备——这就像生孩子，你可以遍览所有育儿宝典，然而直到你亲身经历生产，那些文字才变得栩栩如生。

生活方式规划，如考虑和安排退休后的活动、新角色和兴趣，是退出职场的另一个重要准备。从上班时间都被安排好到退休后有大把空闲时间，适应这个过程可能是个挑战。一开始，退休生活像在休假，但当最初的自由快感褪去，时间会变得异常沉重。为退休后的头几年规划活动和设定目标有助于减少无聊感，或者预防失去生活意义。我们可能需要努力尝试，找到什么是自己喜欢的，因为保持身心活跃和社会交往也相当重要。我们会在本书的几个章节中进一步讨论这些问题。

参与我们研究的退休人士对生活方式规划有诸多见解和建议。

我在规划退休计划时，要确保大脑、身体和灵魂都有事可干。

（如果能再活一次的话）我会花更多时间制定计划，好好想想如何利用这些额外的时间。

（如果能再活一次的话）我会安排更多的活动。我刚退休时饱受冲击，但很快克服了无所事事的状态。我找到一个需要动脑的志愿者工作，这很有价值。

当然，有些人很成功地完成了自己的规划，有些人则发现大环境变了，可他们的规划并未随之改变。规划不是一蹴而就的行为，而是一个持续演进的动态过程。世界在不断变化，保持灵活性相当重要。正如下面这位退休者提醒我们的：生活中会不断出现新事情，迫使我们的规划随之改变。

我对完美规划持谨慎态度，真实的生活从不会如此简单。


## 大日子：告别职场

研究表明，无论你离开职场时是选择一次性庆祝还是漫长告别，用某种公开的仪式来纪念这一时刻是有益处的。③ 人们会在生活的重大转折点举办庆祝仪式，如成人礼、婚礼和洗礼等。这样做相当于一个社会声明，宣告生活变化的重要性，希望家人、朋友能认可和接受。同时也隐含了期望，即如果我们在新生活中遇到困难，希望能得到大家的帮助。在退休这件事情上，欢送会为即将退休的员工提供了一个既被同事认可，又向同事致意的机会。这个仪式向所有人发出一个清晰的信号：生命的某个阶段已经落幕，新的篇章即将开启。

范·登·博加德（Van den Bogaard）的研究表明，

有退休仪式与退休后的生活满意度具有正相关，特别是对那些认为自己在工作中相当称职的人而言。如何为带薪工作的结束，或为离开工作多年的办公场所画上一个完美的句号，是值得深思的。当然，对于那些没有特定工作场所可以离开的人，比如到处拜访客户的商人或在家办公的人，这件事就没那么容易操作了，他们可以通过逐渐减少工作时间而退休。即便如此，当一个人决定"放慢脚步"时，一个社会认可的仪式会帮助他及其朋友、家人共同迈向下一人生阶段。

## 退休蜜月期

退休蜜月期实际上意味着，我们作为工作者时面对的诸多约束和压力如今已烟消云散，这通常（但不总是）伴随着如释重负和喜悦等正面情绪。当我们询问退休人士，让他们列出新的生活阶段的最佳之处时，"自由"是听到次数最多的回答。这种自由有时被表达为"想做什么就做什么""不再受制于严格的生活节奏""可以掌控自己的日常活动"，或者"在我生命中第一次能够做任何我喜欢的事情"。有些人很享受刚获得的自由，感觉摆脱了工作，尤其是远离了工作压力，如"没有人再对我发号施令""不再与员工发生冲突""不再需要照顾别人""不再受恶霸老板的气""无须遵守严格的时间表"。

刚退休的人深切感受到的另一个好处是，拥有了更多的时间。对多数人而言，这额外的时间仅仅意味着"可以睡个懒觉"或"早上不用再匆忙离家"；对另外一些人来说，则是一个投身新的（或旧的）活动和兴趣的契机，或者能花更多时间陪伴家人。志愿服务、学习、运动、健身以及手工艺活动、阅读、园艺活动和旅游等等，他们现在都有时间去尝试了。

不过，退休带来的时间和自由（或自我导向）的增多并不能让我们一直保持新鲜劲儿，一些人过了不久就厌倦了。在美国的一项研究中，一位女性参与者说：

起初像在欢度三周的假期，后来就感觉不太好了。我像一条离开水的鱼，在垂死挣扎。于是我开始像工作时那样规划我的一天，这样感觉真好！我觉得自己又有了追求。[4]

有些人一退休就马上安排好（或沉浸于）退休活动，如长途旅行或装修房屋，这种手头上有太多时间和自由的感觉可能会延迟到来。当然，对另一些人来说，这种感觉永远不会到来，但许多退休人士确实意识到，要让自己未来10年或30年的生活变得有意义和实现自我，就需要培养新的角色、兴趣和生活方式。这种领悟可能会在下一个阶段——幻灭期到来之前出现。


## 幻灭期

　　我必须找点有挑战的事做！填字游戏不能帮助消磨时光。⑤

　　在渴望"自由"之后，4个月内我就厌倦了自由。生活只剩这些吗？

　　库森把这个阶段描述为意识到"就这样了"，这就是自己的余生。它可能让人觉得无聊，感觉没有方向，缺乏目标。假如衰老是唯一肯定的未来，退休的人就可能经历冷漠、缺乏动力、悲伤甚至抑郁。随着各种项目或活动的完成，他们会思考接下来何去何从。对退休的幻想破灭可能不止一次出现，有人称之为"退休忧郁"。

要让退休人士明白，在这一阶段有负面情绪很正常，这对他们是有帮助的。退休的人得意识到，自己并不孤独，也没有不正常，而是在经历过渡和变化。随着年岁增长，这种感觉可能会尤为深刻，因为人们意识到时日不多，壮志却未酬，曾经拥有的一些人生理想似乎不再重要。我们能否唤醒雄心壮志，充分利用好余生的每一天？

发展心理学家埃里克·埃里克森（Erik Erikson）的工作与此息息相关，他描写了心理社会成熟度是如何在人生的不同阶段成长和发展的。在生命的每个阶段，埃里克森都提出一种发展性危机，这是通往成为一个自我功能完备的成年人的道路上必须解决的。每一次解决危机都可能伴随情感的动荡和心理上的代价。不是只有青少年会体验到生存焦虑，变得喜怒无常，担心未来生活，不知如何应对，实际上这种感觉贯穿一生，在变化期尤为明显。

对于中年人和老年人，埃里克森强调要培养生成感。[6] 一个有生成感的人是一个对社会和后代有贡献的人，他不会只关注自己的小天地。为人父母是贡献之路，但不是唯一路径。一个人也可以通过不懈努力和指导他人作出独有的贡献。在埃里克森的理论中，与生成感相反的是"停滞感"——找不到自我贡献的方法。没有培养出生成感的人会感觉自己与所生活的社区，乃至整个社会脱节；他们可能将关注指向自身，如抱怨自己不断老去或想显得年轻。退休后的"幻灭"阶段可视作努力从这种自我陶醉状态向更成熟的状态转变的一部分。

退休后，有些人能够在孙辈身上找到一种生生不息感，获得心灵满足，但这条路并不是向所有人开放的。退休有可能导致"生成性危机"的加剧，除非能够用其他重要的活动和目标替代工作环境中所提供的那些。下文将讨论这种生活方式的重新定位。


## 定义自我：塑造新身份

库森说，在这一阶段退休者会提出诸如"我现在是谁？""我此刻的目标是什么？""我在某些领域还有用武之处吗？"等问题。埃里克森则可能会用这样的问题来描述："我如何证明自己的存在是合理的？""我该如何作出贡献？"这些问题涉及尝试、挫折和再次确认，解决起来可能会有难度。本来准备花大量时间陪伴孙辈成长，但这个愿望也许会落空；去做志愿者，但服务的初心或许难以实现；旅行计划可能泡汤……退休者会面临意想不到的挑战，如疾病或伴侣的离世。尽管如此，尝试新活动、加入不同组织和认识新的人应该是，通常也确实是有益且有趣的。随着时间的推移，大多数退休者会找到自己心仪的新角色，以及新的、令人满意的充实生活的方式。另一些人没决心实现这一切，最终感到不满，不知不觉扮演着脾气暴躁的糟老头或老妇人的角色。

在第六章，我们将更详细地讨论退休后重塑个人身份的挑战，尤其是那些一直忙于工作的人，他们更需要关注此类内容。


## 确立新生活：勇往直前

正如我们看到的，生活的改变往往伴随着迷失方向、情绪的起伏、尝试和挫折。最终，我们适应一种全新的生存状态。对一些人而言，这种适应来得迅速而愉快。

退休生活比我预期得要美好。我曾经喜欢忙忙碌碌，喜欢新潮的事物。现在我是个享受悠闲生活的老年人。

我现在在做多少年来一直想做的事情！去年一月我组织了一场街道聚会。太火爆了，来年夏天还准备办一次。我有一个非常坚定的信念：退休生活是自己创造的！我喜欢每天都拥有自由和选择，真心喜欢！

对另一些人而言，为了适应始料未及的环境，他们得用更长的时间调整身心。

我的退休生活比计划中要来得早。我丈夫因为经济原因还在工作，所以有时我觉得，在我们可以一起旅行之前，我都是在原地踏步，消磨时光。

我曾是个工作狂，我很惊讶我竟然一点都不想念工作。总的来说，退休生活好于预期。但必须承认，刚退休时我做了大量志愿者工作，用来代替之前的有人付我钱的工作。现在我又放松了，在退休 10 年后，我有生以来第一次实现了工作与生活的平衡！

时间不断逝去，大多数退休的人会拥有一个新的工作以外的身份，拥有新的日常生活模式、不同的社交圈子和重新构想的目标，很多人将其描述为他们生命中最美好的时光。能不能成功适应退休生活，其中一个关键因素是是否选择了最佳退休时间。下一节中，我们将考虑影响这一决定的诸多因素。

## 何时才是最佳退休时间？ ⑦

### 何时选择退休？

最佳退休时间与诸多因素有关。我们在第一章了解到，退休满意度最有力的预测因素之一就是，能根据自己的状况作出选择。一场意外的裁员，不仅会剥夺我们为退休生活制定充足财务和生活计划的机会，更可能对自尊心造成打击，同时抹杀我们在过往工作中所作贡献。同样，因工作压力而被迫退休也会让人有挫败感。即使离开了困难重重的职场，残留的心理创伤也可能使人焦虑和抑郁。这些负面情绪会产生连锁反应，给伴侣、家人和朋友带来压力，使情况进一步恶化。但挫折可能会因某些好事而改善，如慷慨大方的裁员补偿（如果有幸能收到一笔！）、家人和社会团体成员的支持、在工作之外追求的兴趣和目标，以及良好的健康状况和个人韧性等。

如果您觉得退休尚早或压力不小，应对策略之一就是再找一份工作，即便这份工作可能不符合您目前的社会地位或时间安排。如果能找到兼职或临时工作，这一过渡期就可以为下一步的退休计划和适应留出更多时间，实现平缓过渡。与一个客观公正、不带偏见的人（如咨询师）谈谈自己的失望之处并制定新的生活计划也是大有裨益的。

## 当您有足够多的钱时

正如我们在书中多次提及，如果退休后拥有足够多的储蓄和养老金能满足新的生活方式的要求，人们就更容易满足。

您需要多少钱？这并不是一个容易回答的问题。在根据财务状况作出退休决定之前，我们需要对维持舒适生活所需收入有一个清醒的认识，这点很重要。您的养老金到底有多少？您有没有意识到自己的日常开支有多少，以及退休后这些开支可能会如何变化？您预计寿命会有多长？您是否背负债务或即将出现的重大开支？您是否为退休后的旅行、房屋装修或其他大笔开支做了规划？如果面临一笔巨大但意想不到的开支，如突然患重病，您经济上作好准备了吗？其他需要问自己的重要问题包括：如果需要补充储蓄，您是否有兼职或临时工作，以及您目前的投资是否表现良好？全球总体经济状况会对退休计划产生显著影响，2008年的全球金融危机就证明了这一点：许多人推迟了退休时间，以赚回股市下跌时亏损的那部分资金。

一个明智的计划是，如果不清楚自己的财务状况，可以向财务顾问或值得信赖的经济顾问寻求建议。如果您认为财务状况不够理想，既可以斟酌一下多工作一两年的利弊，也可以换一份工作。有趣的是，很多人工作不仅仅是为了退休后过上舒适的生活，他们是真心喜欢工作，工作让他们感觉身心健康，进而有动力继续工作更长时间。每个人都不一样。

## 当您身体不佳时

不仅仅身体状况糟糕会让人作出退休的决定，有时候身体很棒的人也会有同样的选择。进入老年期后，人们会猜测自己的一生还剩下多少时间，会考虑未来生活中还有哪些想体验和实现的事情，列下遗愿清单，这可以成为一次令人深思的自我审视。许多人会在健康状况良好时选择趁早退休。我们采访过的退休者给出一些建议，如"退休后在身体允许的情况下尽早去旅行""不要等太久才去做你真正想做的事情"。

出于身体或精神健康状况不佳而选择退休也不太好。大量研究证明，虽然退休会让人有更多的机会休息、放松和应对治疗，但这种转变本身就会带来压力——正如我们观察到的，一个人处于社交孤立状态时，负面情绪会增加。能否采取请病假，或换到较轻松的工作岗位，乃至兼职工作的方式呢？对有些人来说，这样做可以让他们维持现有的健康状况而不至于恶化，或者让慢性病的症状稳定下来。退休可以逐步推进，社会支持不仅应在医疗保障上体现出来，而且可以在协助从职场工作者转变成退休人士的过程中体现出来。

## 当您作好准备告别职场时

从事自己喜欢的工作是一件很有趣的事。有幸进入自己热爱的行业的人更可能延迟退休。也许是因为受过良好教育的人更可能从事有趣且令人满意、工作条件更好的工作，较高的教育水平也与延迟退休密切相关。那些为工作而生的"工作狂"和无法想象没有职业挑战该如何生活的人，会倾向推迟退休，并会发现转变颇为艰难，我们将在第六章详细讨论这个话题。

## 当全家人能齐心协力时

和男性相比，女性更可能因为家庭原因退休。研究表明，已婚女性往往会使自己的退休日期与伴侣的退休意愿协调一致，这样两人便可以一起退休了。[8] 夫妻在享受彼此的陪伴、照顾的情况下，更愿意将退休安排在同一时间。[9] 在我们调查的退休女性中，有相当一部分人表示，她们退休是出于家庭原因，包括渴望与伴侣共度时光、一起旅行和分享活动等。有些女性会说，她们这样做非常明智；另一些女性则对丈夫"不想离开沙发"，或者对两人整天都窝在家反使关系恶化而失望。

可悲的是，如果伴侣退休后生病或去世，这些女性的计划就不得不随之调整或放弃。

照顾孙辈是退休的另一重要原因。美国的一项大规模纵向研究表明，新生儿的到来使得女性退休的概率增加了 8%。[10] 我们曾与许多退休或从事兼职工作的祖母交流过，她们要么选择退休，要么去做兼职，为的是腾出时间照顾孙子、孙女，在他们入学前与之建立亲密感情。

与退休后和深爱的伴侣朝夕相处或享受儿孙绕膝的天伦之乐相比，某些家庭会因退休而压力重重，例如，需要离开职场全天候照顾年迈的亲戚、残疾的伴侣或因父母离异而无人照料的孙子和孙女。

即使离开带薪工作，花更多的时间和家人相处是最幸福的退休理由，家人之间的关系也可能变得紧张。家庭成员需要重新协商家庭角色和责任，所以要给自己留出一段适应、调整的时间。如果家庭内的压力为退休制造了困难和挑战，调整期就会变长，应对资源也会捉襟见肘。重要的是，要考虑自己的所有选择并寻求他人支持，不要让自己成为照顾他人的牺牲品。这一问题将在第五章深入讨论。

## 当您要做其他重要事情时

如果您一直想学考古，或者在当地开一家餐饮公司，学意大利语，撰写家族史，投身于高尔夫运动，去深海钓鱼或去远方旅游，退休就是您一辈子最美好的时光。正如参与我们研究的一位老者所言："我有很多要投入时间和精力的爱好，全职工作对我来说过于繁重了！"退休最令人满意之处是，可以投身于自己热爱的活动。即使目标或许不能完全实现，比如在 65 岁时开始学习弹钢琴（可能实现但非常困难），也会因为尝试获得极大乐趣。

可以说，没有一个放诸四海皆准的理想退休年龄。当您准备离开或改变职场身份，追寻其他挑战且能掌控自己的时间时，就是最好的时机。如果不是因工作、家庭或健康问题而不得不退休，财务状况和社交网络能让您保持舒适且有人际交往的生活方式，并能沉浸在热爱的活动中，那无疑是最理想的。当然，人生的道路并不总是那么平坦。幸运的是，人是适应性很强的物种。退休的决定对每个人来说也不是不可逆的，过渡就业、临时工作，甚至全新的职业生涯，同样是许多退休者可望且可即的选择。

# 第三章
## 理财：财务安全还是财务压力？

退休的代价是昂贵的，只见账单来，不见钱进来。[①]

财务安全或许是退休者面临的最关键的议题。鉴于数量相对较大（且不断增加）的贫困人口会对财政产生影响，退休后是否有足够的收入不仅事关退休者本人，而且关系到整个社会。

随着退休年龄的增加，相当多的人发现自己处于经济和心理的双重压力之下，何时退休，何时就会开始穷困潦倒。事实上，多数人退休后缺少必要的储蓄或养老金来养活自己。男性退休后的经济状况总体上优于女性，财务安全或其缺失也许是我们将看到的退休者具有性别差异的最明显的例子。

传统意义上，个人的退休金有三个支柱：雇主给予和雇员工作期间缴纳的个人退休金、政府养老金和储蓄。缴纳退休金旨在确保有足够的资金，可以维持舒适的退休生活，但退休后的账户余额会让我们知道，这不大现实，尤其是对女性而言，她们的退休金平均只有男性的一半。财富积累不够、很少或根本没有退休储蓄以及较长的预期寿命，使许多人不得不依赖政府养老金并将其作为退休后收入的主要或唯一来源。即便在富裕的西方国家，养老金也常常不足以维持体面的退休生活。

令人担忧的是，在澳大利亚，大约有三分之一的人退休时没有任何退休金，完全依赖政府养老金和储蓄。在其他国家，雇主贡献的退休金也很微薄，有些国家甚至根本没有退休金。还有一个潜在的问题，特别是对于那些比男性更早退休的女性，即提前退休可能会使她们更早耗尽自己的钱，积累的退休金因而减少，财富也随之缩水。

2016 年，美国大脑统计研究所（Statistic Brain Research Institute）提供了有关美国退休储蓄的有效数据：50 岁的人群，其人均储蓄不足 5 万美元；55—64

岁的人群，其人均净资产甚至更少。该研究所估计，从25岁开始工作，只有4%的人在65岁时攒够了退休的资金储备，这一点其实不出所料。[2]为退休而努力存钱的人可能因各种各样的原因收入减少：税收会使储蓄减少；储蓄也可能跑不过通货膨胀，除非学会投资（这需要努力和知识）。以前大多数人的寿命没有现在这么长，他们手上的钱足够花了，但如今的长寿时代需要更多的储蓄，以便维持退休后20—30年的生活。

最近的一份报告显示，多数美国人没有为退休作好准备，近一半家庭根本没有退休账户或存款。[3]根据美国经济政策研究所（Economic Policy Institute）的数据，所有家庭的平均退休储蓄不到10万美元；许多家庭的储蓄为零。人群中的"超级储蓄者"拉高平均值，所以更精确的估算数据是储蓄的中位数，而美国所有家庭的储蓄中位数只有区区5000美元。

2017年的一份报告显示，英国的退休者面临同样糟糕的境遇。[4]即将于2017年退休的人中有七分之一坦承自己没有工作或个人退休储蓄，有11%的退休者预计在更年迈一点时将完全或部分依赖国家养老金。如果一个人退休后仅仅依靠新的统一费率的国家养老金，其收入将远低于生活最低标准的估计值。超过三分之一的人表示有经济压力，他们正努力维持着收支平衡，缺少退休储蓄也就不足为奇了。


## 性别差异

我决不会把所有工资都交给我丈夫，也不会为他的生意共同签署贷款协议，更不会为任何人担保。我后悔在47年的婚姻生活中缺少独立赚钱的能力。退休后我的生活确实在走下坡路——我仅靠养老金维持生活。

薪酬上的性别差异是女性退休后缺钱的一个关键因素。大多数退休收入制度没有考虑两性不同的工作模式，在结构上有利于那些整个职业生涯中全职工作且未曾中断的人。如果您不符合这一模式，退休时积蓄会明显少很多。

使男性和女性出现工资差距的影响因素有许多，如工作、家庭和社会因素，它们是相互关联的。女性通常从事报酬较低的工作或职业；和男性相比，她们更可能从事兼职或临时工作，更可能中断工作来育儿或无偿照顾他人。因为这些原因，女性对成为职场一员更有不确定感，常常选择做不稳定的临时工作。职场中直接和间接的歧视仍然存在，女性只是近些年才被接纳从事以前专属男性的工作，如机械师、飞行员、工程师和卡车司机等。

　　大型上市公司的董事长和首席执行官的性别差异就是一个经常被引用的例子。有人可能会说，女性在职场处于不利地位，与董事长等重要角色对公司股权政策的重要性、对女性特殊工作模式的理解，以及相关人士对政府政策的潜在影响有关联。

　　女性高管在所有审查高管薪酬的国家中都很少见。标准普尔500指数（S&P 500）是美国记录500家上市公司的股票指数，被视为股票的领先指标。目前仅有29位（占5.8%）女性担任首席执行官。2012年，在澳大利亚证券交易所上市的前200家公司中，女性在公司担任高级职位的人数也偏低，只有6家公司的董事会（3%）由女性担任主席，7家公司有女性首席执行官（3.5%）。（有一个有趣却意味深长的小故事：在这200家公司中，名为"彼得"或"约翰"的男性担任首席执行官的概率是女性担任首席执行官的三倍）。欧盟也有类似数据，尽管英国脱欧可能会导致一些变化。只有8个国家——法国、拉脱维亚、芬兰、瑞典、英国、丹麦、意大利和德国——女性至少占董事会成员的 1/4。⑤

我们可以从更广的视角看薪酬的性别差异，经合组织最近的一份报告显示，2014 年男女薪酬中位数的差异巨大，差异率从比利时的 3.3% 到韩国的 36.7% 不等。大多数西方国家，包括英国、美国、澳大利亚、德国等国，男女的薪酬差距为 17%—19%。没有哪个国家的女性挣得比男性多。在美国，女性的平均年薪约为男性的 4/5。⑥

如果我们把目光聚焦在有生之年的资产积累（性别财富差距）上，情况变得更加严峻。与男性相比，女性的生活并无太多变数。女生不仅总财富少于男性，她们的资产也较为单一，更倾向用资产购买家庭住宅；事实上，家庭住宅已经成为多数女性积累财富的主要方式。造成两性财富差距的另一因素是，与男性相比，女性会提前退休。提前退休很可能导致手头资金缩水，延迟退休则有明显的经济效益，除了挣来的工资，还可能享有雇主提供的医疗保险和退休计划供款。这些收益积累迅速，例如，在美国，多工作两年对员工保有退休财富有显著影响。

## 财务规划

我活得像只蚱蜢，过着朝不保夕的生活，未曾储蓄，也未曾规划。

在经济问题上我很有洞察力，大部分时间里，我都会把财务理念运用到实际生活中，这得益于我从小就接受了相关教育，我的经济头脑都是那时候培养出来的。

如果您知道上面第一句话出自女性之口，第二句则出自男性，会不会很惊讶？这里我们并非有意强化刻板印象，但这两句话点出诸多女性和男性在退休财务规划方面的差异。许多研究发现，女性的退休计划与她们对财务安全的担忧不符。研究中声称自己主要负责家庭财务和退休规划的男性的人数几乎是女性的两倍。

最近美国的一项全国性研究显示，大多数退休者，尤其是女性，希望从专业人士那里获得帮助来管理自己的投资，特别是在退休规划的特定方面，如编制预算。[7] 在总体财务"健康"方面，也有相当大的寻求帮助的需求。为什么女性会缺乏规划并需要外界帮助呢？

## 财务素养

衡量财务素养最常用的标准，也是关于这一主题的大多数（如果不是全部）研究使用的标准，包括利率、通货膨胀和风险分散三个问题。[8] 尽管这个衡量标准有局限性，但这些问题的确涵盖了与储蓄和投资决策最紧密相关的概念。

1. **利率问题**：假设您的储蓄账户有100美元，年利率为2%。五年后，如果您把钱留着，您认为账户里会有多少钱？

   A．超过102美元；　　B．正好102美元；

C. 少于 102 美元；　　D. 不知道；

E. 拒绝回答。

2. **通货膨胀问题：**假设您的储蓄账户的年利率是 1%，而通货膨胀率为每年 2%。一年后，您账户里的钱的购买力是多少？

A. 比今天多；　　　　B. 完全相同；

C. 比今天少；　　　　D. 不知道；

E. 拒绝回答。

3. **风险分散问题：**请判断以下陈述的对错——"购买单一公司的股票通常会比投资股票指数基金有更安全的回报。"

A. 对；　　B. 错；　　C. 不知道；　　D. 拒绝回答。

通过回答这些问题可以测试自己的财务素养！⑨

有大量证据表明，财务素养在实现和维护财务安全中扮演着重要角色。可悲的是，多数人存钱难的一个关键点是，他们相对缺乏财务知识，这限制了他们明智投资的能力。全球的数据揭示，大多数国家公民的财务素养都较差，女性的财务素养比男性差。众多研究跨越不同国家，确认了这一性别差异。《2017 年度全球财务素养中心报告》发布的一份涵盖多数国家的报告发现，平均只有 1/3 的成年人展现出"足够"的财务素养，女性的财务素养比男性差。[10] 对财务素养研究的综合文献回顾也证实了他们所说的女性财务"文盲"的严重程度，单身女性和寡妇尤甚。[11]

为什么精通财务知识很重要？人们一致认为，财务素养对财务行为和财务状况有正面影响。懂财务知识的人在一系列财务行为上，如编制预算、储蓄和退休规划等方面会做得更好。财务素养与重要的财务决策之间的密切联系意味着，在规划退休和积累退休财富方面，女性尤其处于劣势地位。

## 财务风险

增加退休财富的第二个关键驱动因素是，人们愿意在多大程度上作出经济上有风险的决定。低风险的储蓄和投资是一种保守的决策，如把钱存入低息但安全的银行账户，或者只购买蓝筹股。这些谨慎的行为往往意味着储蓄相对安全，却往往意味着其增长会赶不上通货膨胀的速度。如果您的退休储蓄以每年 2% 的速度增长，而同期食品和住房的成本上涨了 5%，您的财务状况实则在恶化。但高风险的投资策略既可能让人一夜暴富，也可能使其一无所有。除非财力雄厚或做过透彻的研究，否则应谨慎使用高风险策略。

专家会建议我们承担适度的财务风险，认为这是最有效的长期投资策略。这通常涉及资产多样化，风险可以分散到不同的选择上，而不是把所有鸡蛋放在一个篮子里。希望这些策略能让我们的投资在保持相对安全的同时，跟上通货膨胀的步伐。

财务风险厌恶是指过度依赖低风险的投资策略。虽然短期内看是明智的，但长期来看，它通常会使退休者的资产减少。财务风险一直是过去许多研究的主题，这些研究非常明确地表明，女性比男性更厌恶风险。加上金融知识匮乏，在工作期间对财务投资的规避态度可能使女性与男性相比处于不利地位，女性也往往没有能力或意愿在退休前或退休期间尽可能作出最好的财务决定。男女差异自早期研究以来，一直无甚变化。目前的研究对男女差异背后的原因更感兴趣，而不是单纯知道这种差异的存在。

为什么女性比男性更厌恶风险？一种解释是，这与财富的性别不平等以及影响这些不平等的不同作用有关，包括劳动力和信用市场中的性别歧视、投资建议和投资决策信息。如果收入微薄，承担财务风险就会损失惨重。总体而言，似乎得不到什么好处。

一位资深经济学家采用了一种"开玩笑"的方法，但这种方法是基于证据的，他针对提高女性退休后的财务安全的典型建议给出了自己的评论。⑫

- 千万别从事护理工作。如果您"选择"这类低薪工作，您的养老金将永远无法与男性的退休金相提并论。
- 勿因抚育孩子而暂离职场。如果您懂得复利的好处，就会明白，年轻时存得越多，老了就拥有越多。所以，如果您"选择"离开工作岗位5年或10年去照顾孩子，当您的养老金余额有点低的时候，就不要抱怨。
- 勿因照顾父母和伴侣的父母而离开职场，切勿如此。
- 总结上文，做一个独立的人。

最后一句话也许应该送给我们的匿名调查对象。在被询问如果有机会，她们会作出何种不同选择时，许多女性都使用负面的字眼详尽叙述了财务问题。

我会尽量不中断有薪工作，这样我就能积攒更多退休金。我本可以为退休金贡献更长的时间（我刚开始工作时，退休金尚不存在）。我本应该在退休前了解更多关于财务投资的知识。我本应该努力尽早准备好资金，尽早投资房地产市场（在我早年的大部分时间里，我只是有一份工资的单亲母亲，仅靠一份工资维持生计）。

考虑到财务规划对安逸的退休生活至关重要，政策制定者的任务是鼓励和支持个人在离开带薪工作前提前做好规划。


## 财务压力的糟糕后果

我预测自己将来会穷困潦倒；穷到无家可归。

财务压力会对退休者造成诸多负面影响，迫使其生活方式发生重大变化。其中之一便是不得不离开曾拥有的住房。有项研究表明，随着年龄的增长，中老年工人和退休者都希望住在自己的房子里，但对于有财务压力的退休者，这往往是一种奢望。维护自己的家庭住宅的成本很高，一些退休的人可能无法承担。虽然需要寻找其他低廉住房可能是由于财务压力以外的一些因素，如健康状况堪忧、严重的慢性病或伴侣去世，但退休后收入下降是寻求低成本住宿最主要的原因。对于没有伴侣收入支持的单身女性，这种需求尤为迫切。正如一位女士所说："我用70%的养老金支付房租。"即使是有一点积蓄的人也会发现，如果只靠养老金生活，为了在日益昂贵的私人住房租赁市场中生存，他们会不得不动用积蓄。

我以前是自己租房住，但房租上涨后我住不起了，只好搬走和朋友合住。朋友患有帕金森病，并不是一个活力无限或趣味十足的人。我是为了省钱被迫这么做的，我可以向你保证，这绝非我的本意。

正如上面引述的话，对于租房的退休者，有丧失房屋使用权的可能，找到合适且负担得起的住所也不是一件容易的事情。

如果退休的人不能保留退休前的家，他们还能有什么选择？退休村是一个常见选择，尽管人们很担忧这些退休村的财务状况。其他选择包括寻找更小的房子或者搬到一个房价更便宜的地方。这两种方法都能改善经济状况，但也会带来一些不太好的影响，如失去一批要好的邻里朋友，不得不开拓新的社交网络。和儿孙们同住不失为改善经济状况的一种办法，但这可能引发家庭成员之间的纠纷。几代同堂虽然可以省钱，但如果费用分担不合理，围绕钱的纠纷就会层出不穷。退休者会发现，自己很难放弃相对独立的生活，必须遵守家庭规则也会让人烦恼。如果有个地方能使每个人都拥有一些私人空间，问题就迎刃而解，如"老奶奶公寓"——和家人分开住，但家人近在咫尺，这样可以节省大量成本。

无论作出何种选择，退休后离开原来住的地方既有好处也有坏处。对于一些财力不足的退休者，无家可归或许是最终的结局。

## 谨防诈骗：财务陷阱

对于退休人员和其他老年人，一个很常见的财务问题是，他们愿意冒着财务风险换取轻松的经济收益。虽然没法知道有多少人受此影响，但据估计，近 1/4 的老年人曾遭遇过诈骗。之前曾提到，很多人，尤其是女性，都厌恶风险，为什么还会有不少人被骗呢？

许多人都熟悉尼日利亚诈骗案——承诺在未来某个时间点获得可观的经济回报，以此作为诱饵，骗取钱财。不幸的是，这类骗局或欺诈随处可见，骗子也更愿意在经济或其他方面欺骗老年人这一弱势群体。据报道，21 世纪的诈骗犯罪多以老年人为目标。虽然没有数据能将退休人员所经历的诈骗分类，但可以明显感觉到，越来越多的退休者成为诈骗案受害者。

金融诈骗多种多样，最常见的是骗子利用虚假电话推销欺骗老年人。老年人通过电话购物的数量是全国平均水平的两倍。也有些人会利用互联网去诈骗，还有些人喜欢登门拜访。在任何年龄使用互联网都是一种很好的技能，但许多老年人会感觉，上网对他们来说有点难，这使他们更容易成为网络和电子邮件程序中无处不在的自动互联网诈骗的目标人群。他们浏览网页时对一些不明显的东西（如防火墙和内置病毒防护）不熟悉，这使他们特别容易受骗。例如，骗子会发送看似来自合法公司或机构的电子邮件，要求他们"更新"或"验证"个人信息。

另一个骗局是投资诈骗。投资诈骗包括承诺不大会实现的收益，诱骗老年人乖乖拿出钱来。许多老年人在为退休做财务规划，他们一退休就会管理自己的储蓄，许多投资计划因而会面向这些希望保障晚年现金安全的老年人。从庞氏骗局到许多人，甚至连经济学家都不理解的复杂金融产品，这类投资诈骗一直是占老年人便宜的成功手段之一。

最后举个榨取钱财的骗局范例：上门维修和家庭维修诈骗。虽然许多合法的商家会挨家挨户推销东西，但骗子也会采用同样的方式。这类诈骗通常涉及推销质量低劣或根本不交付的商品和服务。无良的承包商不择手段地说服受害者，使受害者认为自己急需各类房屋维修，然后在项目完成前收取钱财，拿到钱后人间蒸发。

## 如果您怀疑自己是骗局的受害者……

请您将此类情况告诉信任的人，不必害怕或尴尬。他人也会有类似经历，而且有很多人和机构愿意伸出援手。

如果您选择沉默，可能会陷入另一个骗局，而且您给了骗子们对其他人下手的机会。可以把求助的电话号码和其他联系方式记在随时可见的地方，包括当地警察和银行的联系方式。

防范诈骗的最好办法就是了解骗子的伎俩。不要迫于压力作决定；对索要钱财的请求保持警惕，哪怕这些请求看起来很正规或来自官方机构；要核实联系人的身份，例如直接打电话给相关组织；忽略提供财务建议或机会的电话或电子邮件；对那些指导您申领遗产或竞赛奖品的突如其来的电子邮件或信件持怀疑态度；此外，重要的是，要了解并正确认识自己作为消费者的权益。

# 针对老年人的财务欺诈

有时针对老年人的财务欺诈并非来自陌生的骗子，而是来自老年人认识和信任的人，通常是亲人。虽然这只是虐待老年人的一类，但财务欺诈无疑是最普遍的现象。

老年人的寿命不断增长，住房成本持续增加，针对老年人的财务欺诈在当代西方国家很常见且日益严重，有人将此现象称为"遗产焦虑"。成年子女可能会因为无法负担住房成本或其生活开支而深感沮丧，与此同时，他们感觉自己要眼睁睁地看着父母坐拥大房子等资产，将遗产浪费在休闲活动上，对子女财产分配不公，甚至威胁要在离开人世前把钱捐给慈善机构。

独居、被孤立、有认知缺陷或依赖家庭成员照顾的老年人，更可能成为财务欺诈的受害者。在极端情况下，他们可能会被诱骗而出售住房，之后被迫改变遗嘱或降低原本没必要降低的生活质量。这种欺诈式虐待会产生深远影响——当可信任的家庭成员反而让他们失望时，受害者可能会感到极度沮丧和绝望，这一点很容易理解。他们常常会有孤独感，因为再也无法信任身边人。

一些组织，如澳大利亚的老年权利组织（Seniors Right in Australia）和英国的反虐待老人行动组织（Action on Elder Abuse），可以为老年受害者提供建议和支持。刚退休就与成年子女讨论家庭财务状况，制定一份合法的遗嘱，委托一位有资质的律师（选律师要有眼光），在您（或其他家庭成员）怀疑受欺诈时及早采取行动，这些策略都能减少这段痛苦经历带来的经济、情感和心理上的损失。

## 财务安全还是财务压力？

我们在本章开头提出的问题的答案是什么？并非所有退休者都面临财务压力，甚至贫困。有些人通过一些方式积累了足够的储蓄，可以维持多年的退休生活，但多数人得想办法，思考接下来这些年他们将如何生存。一些人可能有一小笔储蓄，另一些人则可能完全依赖养老金（通常还不够用）。我们观察到，女性，特别是单身女性，是最弱势的群体，因为她们的工作收入低于男性，而且因抚养子女或照顾家庭成员等因素，导致职业生涯不稳定。

很显然，我们需要制定政策，改变两性间的薪酬差距，以确保退休后人们的生活不受经济压力的影响。综观经合组织有关多个国家养老金政策的数据，很明显，没有一种解决方案适用于所有国家，这类政策必须围绕每个国家的人口和财政资源来制定。关键在于提高退休年龄，确保养老金制度的财政可持续性，以及为低收入者提供一个安全网。正如经合组织总干事安吉尔·古里亚（Angel Gurría）总结的：

我们需要推进财政和社会责任方面的改革，不能冒风险使老年贫困死灰复燃。许多国家的收入不平等加剧了这一风险，这将导致退休后的不平等进一步加剧。[13]

# 第四章　退休、健康与福祉

## 退休真的有益于健康吗?

　　辛辛苦苦工作多年,现在终于退休了,所有的压力源——消失了!一天内大大小小的事情——不见了!把太多任务安排在一天之内完成的艰难——没有了!这种变化会如何影响您的健康和寿命呢?

　　一句话很难解释清楚。从工作状态转为非工作状态后,每天的日程安排都会变化。您可能会更放松,生活节奏会放缓。工作压力的减少会是一种极大的解脱,有益于身心健康,但失去日常周密的工作安排和工作中的人际关系也会带来压力,危害身心健康。事实上,在生活中压力最大事件的排行榜上,退休排名第十。

预测退休对健康的影响是极其困难的，因为退休与衰老如影随形，退休的人通常比在岗者年长，一些看似退休引发的改变可能是衰老带来的。鉴于劳动力参与增长趋势的变化、人口老龄化和医疗保健费用的不断增长，退休与健康之间的关系是一个值得深思的重要议题。

我们前面就注意到，整个 20 世纪人类的预期寿命在显著增长，相应地，退休后的岁月也变得更长。在过去的一个世纪里，导致疾病和死亡的主要原因在变化，预期寿命增加是其中的一部分原因。现在有相当多的文献将医学进步列为预期寿命增加的一个因素，包括常见疾病类型从传染性疾病转变为慢性非传染性疾病和残疾。[①]

即使在低收入国家，大多数老年人也是死于心脏病、癌症和糖尿病等慢性病，而不是传染病。长寿的一个主要医疗后果是痴呆症的增加，这对卫生保健系统、长期护理和家庭成员的福祉提出相当高的要求，尤其是主要照顾者的福祉。世界卫生组织指出，随着年龄的增长，人们患痴呆症的风险急剧上升，据估计，在 85 岁以上的人群中，25%—30% 的人有痴呆症的症状。

健康和退休之间的关系我们知晓多少？离职对一个人的健康来说是利还是弊？研究表明，退休后出现心理健康问题的概率相对较低，身体健康问题相对更常见，这通常与上了年纪有关，而不是退休导致的。所以让我们从身体健康开始思考：退休与身体状况的改善联系紧密吗？

## 反面案例

备受推崇的哈佛公共卫生学院最近进行了一项前瞻性研究，调查了退休过渡期与中风、心脏病发作风险之间的关系。他们跟踪调查了 50 岁及以上，在职且无重大心血管疾病的参与者，直到他们退休，调查长达 10 年。在调整了一系列因素（年龄、性别、社会经济地位、行为和并发症）后，研究人员发现，退休人士患心脏病或中风的概率比仍在工作的同龄人高出 40%；这一结果不存在性别差异。

英国一项大型研究的结果显示，退休者中患糖尿病、中风或癌症等慢性病的人数几乎是同年龄仍在工作的人的两倍；女性退休者被诊断为癌症的风险高于整体样本，但患心血管疾病的风险较低；男性退休者比整体样本更容易患心脏病、中风和精神疾病。作者指出，与在岗者相比，退休者的健康状况较差，但这不能仅仅视为退休的结果，即使在调整了年龄之后依然如此。健康状况不佳往往是人们退休的原因之一，而不是退休的后果。然而，正如我们在本章后面要讨论的，一些与退休相关的因素会使退休者的健康状况恶化，如社交孤立的加剧或不良健康习惯的养成。

## 正面案例

并非所有研究都揭示退休的负面影响。最近在 12 个西欧国家进行的一项研究采用严谨的方法，其结果与一系列研究保持一致：退休可以提高自我报告的健康水平，不论男女，皆是如此。[②] 此外，在美国关于男性的标准老龄化研究中，尽管男性的身体健康状况在三到四年内有所下降，但职场男性和退休男性之间并不存在差异。

最近德国的研究结果同样令人振奋。[③] 研究人员指出，退休有益于健康，主要是因为不上班的人有更多的锻炼、更少的压力和更多的睡眠。退休后，人们更有可能认为自己的健康状况令人满意。即使考虑到与年龄有关的医疗问题和那些因健康状况不佳而提前退休的人，心理健康也能有所改善。作者估算，与同龄的非退休者相比，退休者的就医次数减少了25%，这是德国医疗系统经济学的一个重要发现。如果能在其他国家看到类似数据，那将是一件很有趣的事。

随着全球范围内老年人在社区中所占比例的增加和寿命的延长，核心问题随之浮现：人口老龄化会伴随着较长时间的健康状态、持续的幸福感以及长期的社会参与和生产力的延伸，还是会导致更多的疾病、残疾和依赖？这一问题很关键，不仅可以为退休和随后的医疗保健提供最优化的准备工作，而且会为一些国家延迟退休，提高国家养老金发放年龄提供政策支持。

## 什么会影响退休后的健康状况？

没想到退休生活会这么美好。我很庆幸自己身体健康，能够享受生活的本来面貌。

我希望自己能更健康一些，行动更自如一点。这些在很多方面限制着我……我再也不能和朋友们一起轻快地散步、背包远足了。

这两种截然相反的退休后健康状况背后隐藏着什么？正如我们之前所见，关于退休对健康状况的影响，一些研究显示了积极影响，另一些则显示了消极影响，结果可谓模棱两可。可能影响退休后健康状况的因素包括社会交往 / 支持、体育锻炼参与度、退休后的生活方式（如吸烟或饮酒的改变）、婚姻状态、性别、退休后活动、是否自愿退休以及是否早于正常年龄退休。

一个值得深思的与健康状况欠佳相关的联系是，有过孤独和社交孤立的体验。虽然这并非退休者特有的问题，但退休可能会加重孤独感和减少社交。一些强有力的证据表明，社交孤立和孤独感会增加早逝的风险，这种风险超过了许多关键的健康不良指标。研究人员认为，与肥胖相比，孤独感是更大的杀手，应被视为重大的公共健康问题。一项对 218 例关于社交孤立和孤独感对健康的影响的研究发现，孤独的人早逝的概率高达 50%，而肥胖导致的早逝概率只有 30%。[④] 研究小组认为，与孤独、社交孤立和独居有关的早逝风险等于或大于与肥胖和其他主要健康状况有关的早逝风险。

另一因素与退休后生活方式的改变息息相关。一些人会改善他们的营养和锻炼条件，另一些人则无动于衷。例如，2016 年对澳大利亚女性的一项大型研究发现，退休状态对女性自我报告的健康或身心健康状态有积极影响，这些积极影响与退休后增加体力活动和减少吸烟有关。[⑤] 但芬兰的一项研究表明，女性在退休后倾向于改善饮食习惯，退休后的男性却不这样做。[⑥]

一项对英国公务员的长期研究发现，在得出退休对健康正面或负面的影响的结论时需要谨慎。在比较退休者与在职人员时，准时退休和自愿提前退休都与更好的身体功能和心理健康更相关。研究者认为，自愿退休和积极的健康状况之间可能存在因果关系，但我们还要考虑存在选择性偏差的可能。例如，一些人选择提前退休可能是因为他们的健康已经受影响，或者是因为他们现在还健康，希望在足够健康的情况下享受退休后的各项活动。当然，从我们对澳大利亚妇女的研究中可以看出，选择自愿退休的人非常少，多数人是出于健康原因（15%）、工作压力（19%）或家庭成员健康状况不佳

（11%）。我们需要明确"自愿"退休的真正含义。

多数研究采用了谨慎的方法，包括复杂的抽样方法，并针对选择偏差（如退休前的工作和健康史、退休时间）调整了分析。在分析美国七轮健康与退休研究的数据时，这些偏差解释了长期以来观察到的退休者和非退休者健康水平的不同。[7]研究者总结道，如果一个人已婚并拥有社会支持，退休后继续进行体育锻炼或继续兼职，退休对健康的不利影响就会减少。还有一些证据表明，非自愿退休对健康的不利影响更大，这一结论与其他研究一致。

提前退休有益于健康吗？一些研究同样表明，提前退休对退休后的身心健康和认知功能有负面影响，不过，就后一项而言，最近有证据表明，有更高精神需求的工作可以阻止退休后认知能力下降，这与教育水平和社会经济地位无关。至少有一项研究表明，55岁退休者的死亡风险几乎是60岁退休者的两倍。男性提前退休与早逝之间的关联大于女性；55岁退休的男性比55岁退休的女性死亡风险增加80%。

在我们的研究中，对于年龄范围相对狭窄的老年女性（大多在60多岁这一区间），其年龄与健康本身无关联，但与健康的变化有关联。随着年龄的增长，这些女性的健康状况往往会恶化；退休时间越长的女性，其健康状况越糟糕。但这一过程何时开始，个体差异很大。例如，退休后健康状况好转的人比健康状况不变的人更可能退休得早，但退休后健康状况恶化的人也退休得早。用以下观点解释都说得通，即选择提前退休的女性既可能是因为健康受损，又可能是因为她们身体健康，希望能在足够健康时享受退休生活。

除了我们看到的将退休的影响与衰老的影响混为一谈之外，研究退休对健康的影响还面临诸多挑战。在身体健康和退休之间建立清晰的联系很困难，研究心理健康和退休的关联或许会更有成效。退休后最常见的心理健康指标就是是否患有抑郁症，还有一种方法是确定个体如何适应退休生活，以及对这一生活转变的满意度。

## 心理健康

本以为我已经在心理上作好了退休准备，但实际上我花了三年时间才调整好——我在那么久的时间里都在为失去工作而难过不已。在这悲伤的历程中，没有人帮助我或认可我的感受。我必须自己解决这个问题。直到我彻底走出来，我才明白所发生的一切。

心理健康是指个体在多大程度上以积极的方式体验生活，以及其心理状态能否发挥良好作用。在对退休者的研究中，常将其描述为"适应"，尽管很少有研究者分别测量退休前后的心理适应程度。多数研究者用"生活满意度"或"退休后的满意度"取而代之。

大多数退休者表示，退休后的心理健康状况几乎无变化。我们对退休女性的研究选择了两个类似调整的指标——自尊和压力水平。当她们被问及退休后的自尊感是否比退休前差，大多数人回答"相同"，有 1/4 的人在退休后有更强的自尊感。较高的自尊水平与退休后的健康状况明显改善以及对健康的更高满意度相关。当被问及退休后的压力程度时，3/4 的人表示压力较小，只有 7% 的人退休后压力更大。

广泛的文献综述指出，对生活满意度与退休之间关系的研究之所以得出不一致的结论，一部分是由退休前的生活满意度水平决定的。[8]

　　退休后抑郁了怎么办？抑郁症在许多国家都是一个影响巨大的健康问题。它会降低工作效率，促使人们选择提前退休。有令人信服的证据表明，抑郁症与提前退休的风险相关度很高，抑郁症患者退休的年龄比未患抑郁症的人要小很多。退休后抑郁也有记录，但证据不那么有说服力。例如，虽然经济事务研究所的一份报告显示，退休会使患抑郁症的风险增加 40%，但并非所有研究都显示出退休有如此强大的影响力，有些研究甚至发现，退休根本不具有影响力。[9] 我们显然还需要更多的研究来梳理退休前的心理健康状况、退休、社交孤立、衰老以及生活方式等因素对抑郁症的影响。

## 如何预测退休后的心理调适？

　　心理健康和心理调适在很大程度上取决于个体在退休过渡期所具备的资源。这些资源可以是物质的、个人的或社会的，用来帮助面对压力或困难。[10] 很多（大多数？）退休者在考虑退休问题时几乎无甚困难，但有些人似乎没有资源来重新构建他们的生活。例如，在我们的研究中，当女性抱怨退休后生活空虚时，"无聊"这个词出现的频率很高。

退休生活乏味且无聊。我是一个孤独的人，更适合独处。我无法融入社区活动，甚至连周围的一些活动我也懒得参与。

幸福感较低可能是由外部因素造成的，如伴侣健康状况不佳，或者是需要承担繁重的家庭照顾责任，这些限制了退休后担任新角色。性别期望意味着女性更可能将照顾伴侣视为一种义务，比男性花费更多时间在这件事上，这也会增加个人压力。

对于那些在岗工作多年、日常工作任务明确的退休者，另一个令人担忧的问题是他们退休后每天的生活缺乏周密、有序的安排。

生活犹如自由落体运动，想要把它安排得井井有条，难于上青天！

此外，对于那些自我意识与工作身份密切联系的人，退休的来临令人生畏。日常工作给他们带来的挑战和兴奋因为退休而不复存在，他们会丧失自尊和对社会的贡献感。

*我非常讨厌退休。经济上有挑战，生活上孤独又无聊。我觉得自己好像脑死亡了，在学习新技术和发现新兴趣方面被远远甩在后面。……我发现我变得冷漠起来，做得越少，就越不想做。*

虽然各式各样的问题影响了一些人，但绝未波及大多数退休者。不过，正如我们在第三章中观察到的，经济方面的损失是许多人特别是女性主要关心的问题之一。资金不足会影响多方面的满意度，例如，获得保障性住房和充足的医疗保健的机会减少，以及因考虑成本而减少参与新角色和新活动的机会。

自 2010 年以来，已有多项综述研究关注退休适应性的影响因素，反映出人们对这一领域的兴趣日益增长。最近有一项全面综述识别了四组影响退休适应性的预测因素。[11] 最常见的预测因素包括身体健康状况、财务状况、心理健康状况及人格相关属性、休闲娱乐、自愿退休和社会融合，有一组退休调整的"非"或"消极"预测因素包括年龄、性别、家庭构成、退休时间和种族。在所有这些情况下，大多数研究都没有发现所讨论的变量对退休调整的影响，或者研究结果不一致。

对退休调整预测因素的资料进行精心的系统综评是非常重要的，但这会让读者对特定的个体因素的作用有所质疑。例如，有一半的研究中，退休时间较长的人有更高的生活质量、幸福感以及对退休和生活的满意度。在其中的六项研究中，退休时长无任何影响，只有两项研究表明退休时长是危险因素。

积极规划退休和在自己选择的时间节点退休，都与退休者的心理幸福指数有积极关系。与这两类退休者相比，提前退休的人更容易感受心理幸福指数下降。

心理健康状况不佳可能导致退休人员不适应的行为，这些行为会进一步损害退休者的身心健康，并影响其计划和管理退休生活的能力。正如我们看到的，有些退休者非常怀念工作中井井有条的安排、挑战和同事的陪伴，有些人发现取而代之的活动对身心健康有害，最常见的两种有害行为是物质滥用（包括酗酒和滥用处方药）和赌博。

酗酒

　　近十年前，超过 1/4 的女性和 1/2 男性的饮酒量超过了推荐的饮酒量。有趣的是，美国的数据显示，65 岁及以上女性的酗酒和酒精依赖率在 10 年内增加了近 10 倍。相比之下，65 岁及以上的男性只增加了 4 倍。[12]

　　退休往往被老年人认定为生活中的重大事件，也被一些人视为一个重大的压力源，这可能成为酗酒的一个风险因素。此外，人们推测退休的人有更多的闲暇时间饮酒，饮酒一开始是一种享受，可以带来自由感并减轻责任感。但事实上，退休和酗酒之间的联系并不简单。彼得·A. 班伯格（Peter A. Bamburger）总结说，大家逐渐形成两个共识：首先，个人特质和环境因素的千差万别会因为如何看待退休而产生不同影响。如果退休被定义为"个人损失"，可能会引发酗酒或使酗酒更严重；但如果退休被定义为一种"解脱"，则可能使人减少酗酒。其次，人们普遍认为，退休不会直接影响饮酒行为，但退休的背景（为什么决定退休以及退休前后的经历）会在老年人中触发或增加酗酒行为。

## 药物滥用

退休人士和老年人的药物滥用主要集中在处方药的使用上，在这一群体中，处方药的滥用最为常见。老年人滥用处方药一般不涉及用药物"振作精神"，他们通常也不会用非法手段获取药物。对他们来说，不安全的药物组合或剂量可能是由向多个医生寻求开药处方，从家庭成员或同龄人处获得药物，或长期储备药物导致的。

必须指出的是，老年人的药物滥用成了人们日益关注的公共健康问题。根据 2017 年美国酗酒和物质使用服务办公室的数据，美国 65 岁以上的人中有 17% 的人滥用处方药。很显然，退休与药物滥用之间的联系及其原因需要引起研究人员更多的关注。

## 赌博

退休人士会不会沉迷赌博？答案是肯定的。为老年人提供服务的赌场的增加和老虎机数量的增长充分说明了这一问题的存在。为了迎合这一群体，一些赌场甚至提供轮椅和氧气罐！事实上，赌博类似于酗酒，从根本不赌博，发展到经常赌博，再到沉迷于赌博，是一个连续的过程。尽管赌博的男性多于女性，但女性沉迷赌博的速度似乎比男性更快，可能是因为女性没有男性所拥有的经济缓冲阶段，比男性更早面临经济困难。

现在有相当多的证据表明，男女在赌博选择上存在性别差异。[13] 男性赌博时倾向于"技巧性"游戏，如扑克、赛马和其他体育赛事，他们被定性为"行动"赌徒。女性大多数是"逃避性"赌徒，她们更喜欢宾果游戏、彩票或老虎机等，她们赌博是为了驱散无聊、逃避责任或缓解孤独感，而非为了赢钱、快乐或刺激。在过去的20年里，赌博越来越成为女性的一种重要消遣方式，这主要是因为电子游戏机影响力的扩大。赌博的动机包括社交孤立、逃避日常压力和心理共病。在最后一种情况下，抑郁症和焦虑失调症并存是沉迷于赌博的主要因素。

回顾过往文献发现，退休对健康和幸福的影响有一致性，但许多因素的影响是不确定或相互矛盾的。正如我们看到的，我们面临的挑战是，必须将那些伴随着退休过渡期和这一人生阶段体验的纷繁复杂的情境因素纳入考量。

# 退休后保持身体健康

体育锻炼、均衡饮食和保持健康的体重是维持和促进身体健康的关键因素，同时还须做到适量饮酒和不吸烟。正如上文所述，退休提供了参与体育活动的机会，这些活动以前会受全职工作的种种限制；退休后的健康状况与体育活动之间的积极联系已被充分证实。

期望退休后体重有所变化是很合理的。一方面，退休后更健康的生活习惯，如增加体力活动和改善饮食，可能使体重下降；另一方面，身体会随着年龄增长而变化，体育活动相对减少，吃饭时间不合理，或者用暴饮暴食来应对退休后的失落感，如丧失工作认同感、工作中的互动或成就感，体重就会随之增加。

在研究退休后体重变化方面的性别差异时，结果并不一致。一项针对多数法国人的前瞻性研究包括了年度数据和长期数据，使研究人员能够准确估计实际退休过渡期间这些参与者的体育活动和体重变化。其中的一项分析表明，在退休过渡期，男性的体育活动增加了36%，女性增加了61%。[14]与那些积极参加体育活动的人相比，不运动的人体重增加更多，这一点毫不奇怪。

退休后体育活动的增加证实了许多其他研究的结果，即退休后的体育活动很重要。在另一项研究中，退休男性的体重无明显变化，但是普通退休女性比那些继续兼职、退休时体重正常的女性和从蓝领职业退休的女性更容易增加体重。

相比之下，另一项来自英国的大规模、全国范围的同类人研究结果显示，对于大多数年龄组，男性比女性更有可能每周定期参加体育活动（散步、游泳或其他运动）。[15] 有趣的是，女性的主观幸福感低于男性。作者推测，这可能归因于妇女较低的就业参与率和较低的收入，也与她们虽然只是非正式护理者，却要发挥很大的护理作用相关，因为这些都与较低的主观幸福感联系紧密。

当然，体重增加可能不仅仅是因为参与体育活动较少，饮食习惯的改变也会导致体重改变。芬兰的一项研究发现，退休女性的饮食习惯比职场女性要健康得多，而男性的饮食习惯与退休的相关性不大。这种性别差异也许可以解释为：多数退休女性有更多的时间挑选食材和准备健康食物，而大多数男性退休后继续享用家人为他们准备的食物。

随着年龄的增长，营养的作用变得愈加重要。我们未能找到关注营养与退休之间的具体关系的研究，但大家都认可健康饮食对退休者的重要性。健康的饮食和恰当的营养带来的健康益处远不止于体重的轻盈，还包括对疾病有较高抵抗力，拥有更多活动能量和更敏锐的精神。良好的饮食使身体机能更好。多吃谷类、水果、蔬菜、奶制品和蛋白质，能给身体提供所需的所有营养，这会让人感觉精神焕发、活力四射。多吃水果和蔬菜也可以降低罹患某些心血管疾病、中风、Ⅱ型糖尿病和癌症的风险。

英国最近的一项调查显示，肥胖水平呈现多年上升趋势，目前有 1/4 的成年人肥胖，而 1993 年这一比例为 15%，男性肥胖的增长速度略快于女性。"肥胖流行病"对公共健康有深远影响，因为肥胖增加了患心脏病、糖尿病和某些癌症等疾病的可能性。在 55—64 岁的退休人群中，每 10 个人中就有超过 3 人被认定为肥胖者。该调查的研究者冷峻地指出，之所以这一年龄段之后肥胖率下降，可能是因为最不健康的那拨人都过世了。

所以，健康的饮食会使身体机能更好，心理健康也会随之受益。健康的饮食还可以振奋情绪，降低压力，在一定程度上保护您免受疾病的侵袭。

## 为健康退休制定计划

我们如何确保退休后身体是健康的？有时退休会是健康状况不佳的结果之一。或者，意外会发生在我们退休后，因为就算努力保持健康，我们还是会生病。衰老本身就是一种健康隐患，但正如我们在本章中看到的，选择某些生活方式会增加退休后保持身心健康的概率。重要的是，退休前的计划就应包含对退休后维持健康生活的考虑。如果在退休前就开始朝这个方向努力，那就再好不过了。

对于如何在退休后保持健康，有很多大家一致赞同的建议。我们列举其中一些：

保持活跃和参与活动。无论是有组织的运动活动，还是长距离的独自散步，保持运动这一点很重要。也要确保定期的医疗检查，尤其要关注与年龄相关的疾病。还有牙科和听力检查，听力对交流至关重要。

保持健康的饮食习惯。遵循每日应摄入的营养的饮食建议；每天锻炼以增强力量，增加柔韧性，维持心血管健康和身体的平衡。

如果不能或不想参加运动或锻炼活动，也有更适合的生活方式可供选择。例如，可以增加投入到修理、园艺和其他家务上的时间，这些都需要一定的体力劳动。除了运动和锻炼外，体力劳动也可以促进健康。

大脑也要运动起来。填字游戏、拼图和学习新事物都可以帮助我们保持认知功能。同时要花时间放松，可以尝试冥想或瑜伽，保持良好的睡眠习惯——每晚7—9小时的睡眠时间为最佳选择。请尽量避免白天午睡。

要保持社交，这点很重要。努力消除孤独感，和他人相处会让人延年益寿。要维系友谊和家庭联系；如果远离朋友和家人，可以考虑通过其他方式建立社会关系，如为他人提供志愿服务——这是结识他人和获得关系带来的健康益处的绝佳途径。

# 第五章　重新调整社会关系

　　退休后，社会关系必然会发生重大变化。新的朋友要结交，旧的友谊要重温，职场的同僚之谊要维系，家庭关系要调整。在不同的社交空间里，既有机遇，也有潜在的陷阱。在发展新友谊时，退休者可能需要调整期望，更加主动。在本章中，我们将讨论这些关系模式以及退休后关系的变化。

## 亲密的伴侣关系

　　很多调查和研究表明，夫妻退休后，婚姻关系要么更好，要么维持不变。如果夫妻有更多时间相处，可以去实现长期以来的计划和梦想，或许可以尝试在海边或林间生活一段时间，旅行或仅仅是放松。这些都能增强亲密感。对于伴侣，一起分享变老带来的喜怒哀乐，看着孩子和孙辈慢慢成长、成熟起来，彼此之间的感情会变得更加醇厚。研究表明，已婚退休者通常比单身或丧偶的退休者有更多幸福感。①

但生活并不总是如此。有些伴侣花了很多时间相处，却发现彼此的共同点比他们想象的少得多，以前两人都忙于工作和家庭事务，根本没有意识到这一点。人们对退休后的活动、家庭责任和"团结"程度的期望可能会大相径庭，难以达成共识。

如果我之前就花时间搞明白我丈夫对退休后生活的看法就好了。他认为退休了我们就得互相陪伴……所有的家务活都归我。他不喜欢出去玩，也不喜欢一个人被留在家里……一旦这样做，他就会生闷气！

同样，在我们的研究中，许多女性对其伴侣退休后的依赖程度发表了看法。

我发现我的丈夫更需要我，远超过我需要他的程度。我出去购物时，他要么跟着，要么打电话询问我在哪里，何时回家。我们曾经都是资深的公务员，彼此很独立，现在这样彼此很难相处。

研究发现，退休男性比退休女性更难发展新的社交网络。女性更倾向于融入社会，这可能是因为很多女性在成年后相当长一段时间内是没有带薪工作的，因而更可能建立非工作性质的友谊。在社交能力上也存在诸多个体差异，退休后的男性经常会把自己孤立起来。例如，澳大利亚一项大规模的时间使用调查发现，在家庭以外，与工作的男性相比，退休男性与家人、朋友相处的时间更少；退休女性则相反，她们会利用退休后的时光与亲朋好友交往。[2]

不幸的是，一些夫妻之间的亲密关系在退休后无法维持，晚年会离婚或分居，这种现象随着寿命（以及退休后健康年数的预期）的延长而愈加普遍，50岁以上的人选择离婚已经越来越常见。彼此不满意的夫妻可能会选择在子女成年和离家后结束婚姻，认定现在是追求梦想的最后机会。应对伴侣关系破裂和退休后生活方式的改变，可能会对个人的财务和情感资源造成极大的压力。

我和妻子在一起共度了 35 个春秋，财务问题错综复杂，我们花了整整一年的时间来理清谁得到什么财产。这其实是最简单的部分，最难承受的是分手后的孤独和心碎。

另一类家庭问题在退休后也很常见，那就是伴侣的离世。除了丧亲之痛外，伴侣的死亡意味着失去许多日常交往和共同活动，增加孤独和抑郁的风险。尤其是丧偶发生不久，日子会变得很难熬。在这个脆弱的阶段，我们需要重新制定和评估退休规划。

我曾满怀期待，希望和结婚 40 年的丈夫共同迎接退休生活。然而，他在 2014 年被诊断为癌症四期，25个月后就离我而去。

伴侣健康状况不佳，需要人照顾，也会限制人们在退休后承担新角色。病人和护理者之间的关系可能会变化，护理者的幸福感会减少很多。根深蒂固的性别期望意味着，在照顾伴侣上，女性更可能将其视为一种义务，比男性花费更多的时间去做这件事，这些都会增加压力。我们将在下一节进一步讨论护理者这一角色。

## 家庭关系

对退休后拥有更多温馨的家庭时光的期待并不总能实现。成年子女忙碌的生活不太可能因为您的退休而有所改变。儿女可能选择不与您共度假期，他们有自己的生活。退休了，岁数越来越大，家庭内部也会就您住在哪里和如何花钱等问题产生矛盾（正如我们在第三章中所讨论的）。

不过，退休确实提供了增进家庭感情的机会。退休的人如果有能力，可以为家庭成员提供各种形式的帮助，如经济援助、明智引导、家务协助和尽一些祖父母的职责。研究表明，这样做对双方都有好处。和从不为子女提供帮助的人相比，经常帮着照顾孙子、孙女或经常帮助子女做事的退休老人，在过渡期会感受到更多的代际支持。③

## 照顾孙辈

对于那些有幸拥有孙辈的人，帮忙照看孩子可以与小家伙们建立强有力的情感联系，也能巩固家庭关系，机会难得。在我们进行的研究中，不少祖父母分享了人生的新角色所带来的诸多意义及好处，包括他们的爱有了新的关注点，有了新的快乐源泉。有些人特意提前退休就是为了有更多的时间与孙辈相伴。

莉莉出生的时候我在全职工作，我两周工作九天，这样我就有一天的时间陪她了。后来我提前退休了，我想孩子们对我的影响很大。他们向我展示了生活中有比工作更重要的东西。现在，如果我照顾孩子，我可以全身心地关注他们，无须分心于繁杂琐事。④

在第二章中我们讨论了"传承"这个概念，它指一个有着成熟和健康的社会心理发展的人，会在中老年为下一代的幸福作出贡献。总的来说，根据我们的研究，祖父母会关心、养育和引导子女和孙辈，有更强的传承意识。⑤ 其他研究人员也注意到，照顾孙辈的时间、传承意识、对生活的总体满意度，甚至寿命延长，它们之间存在种种关系。⑥

退休的祖父母没有满足子女的期望时，就会出现种种问题。有时候，子女期望自己的父母承担事务的多少、帮忙照看孩子时间的长短，都可能成为压力或冲突的起因。一位女性这样和我们诉苦：

我的一个女儿，不论她什么时候打电话来让我帮忙看孩子，我就需要随叫随到，尽管这会打乱我自己的计划。因为我是一个不上班的外婆，看孩子这件事女儿就指望我了。

有些家庭因一些困难或家庭惨剧，如父母死亡、生病、吸毒或犯罪，祖父母不得不全心全意照顾孙辈，此时他们会压力很大。他们会发现，他们在情感、身体和经济上都面临挑战。很多人——也许是大多数人——为了孙子、孙女，尽了最大努力，在彼此的关系中找到爱和快乐，但这种特殊情况无疑是对退休计划中的"拥有自我时间"的巨大挑战！

## 照顾年长的长辈

年迈的亲属或伴侣也可能需要照顾。由于人们的寿命越来越长，许多退休的人还有体弱多病的双亲。女性在照料他人上花费的时间通常是男性的两倍多（当父母需要照顾的时候，兄弟会把这件事委托给姐妹，这已经司空见惯）。护理类型也因性别而异。和男性相比，女性更擅长完成个人和日常家务，而男性常常只是偶尔承担家务，如修理或安装设备等。⑦ 研究表明，护理老年家庭成员的男性和女性的心理、身体健康状况大都不佳，有较高的死亡率。

对于退休者，他们会不得不放弃或大幅推迟他们为退休而制定的计划，往往压力重重。照顾伴侣或年长亲属的需要既可能是一种意想不到的结果，又可能是退休的诱因，同时可能伴随着提前退休带来的一些经济后果。正如下面的引言所示，照顾老年人是一项挑战。

我被困住了——要照顾我那要求很高且常常咄咄逼人的年迈母亲。我的人生看不到尽头。

当"生活"不期而至时，世间所有的筹谋都显得苍白无力。我妈妈 97 岁了，虽然她居住在有人照料的住所，但作为镇上她唯一的亲人，我是她的主要照顾者。我所有的海外徒步旅行计划如今都成了遥不可及的奢望，这就是生活！

全天照顾老人或病人的退休者，以及偶尔照顾的人，都是弱势群体。即使被照顾的人是您非常珍视且容易相处的人，也会有压力。爱人、父母或亲戚最终会离开人世，随之而来的是悲伤，有时甚至是内疚。抑郁、身体健康状况不佳、疲惫、孤独和社交孤立会成为主要照顾者进一步面临的风险。因此，自我照顾至关重要。要找出哪些社区资源是可用的，把家庭和身边的支持力量都组织起来，也可以雇用临时护理者好让自己休个假，维持给予支持和肯定的友谊，以及保持健康，这些都是承担护理工作的人要考虑的重要因素，无论是否退休。

## 单身的特殊案例

（退休后）独处和单身会让人备感压力、孤独和窘迫，社交生活也会受限。

退休给我带来了孤独、贫穷和社交孤立，这些都是我不喜欢的。孑然一身时，所有东西的成本都是双倍的。除了自己的收入，没有其他收入可以依靠。没有伴侣可以分担生活中的重负或为你伸出援手。一个人的有限收入只够支付维修费。

西方国家的人口发展趋势表明，在不久的将来，会有越来越多的无伴侣人士步入退休年龄。这些人包括从未结婚的人、寡妇、鳏夫，或离婚后未再婚的人。有明确证据表明，独居的单身人士，尤其是那些从未曾结婚的人，退休后在经济和健康方面会有不利影响。男女皆如此。美国的一项重要调查显示，65 岁及以上的贫困人口中，未婚者所占比例最大（接近 22%），已婚者占4.5%，离婚者占 17%，丧偶者占 14.5%。独居单身人士只能依靠一份收入，无法享受一个家庭合住带来的资源整合或规模经济的好处。举个例子，无论同住者几人，房子供暖的成本都是一样的。⑧

最近的一项纵向研究对澳大利亚墨尔本的 1000 名

老年人进行 16 年的跟踪调查，揭示了这一层面的不利影响。在研究一开始，75% 的受访者表示，当他们无法独立生活时，他们想待在家里并得到帮助。只有 5% 的人表示，他们更愿意搬到老年护理机构。但 16 年后，17% 的人放弃了自己的喜好，搬到护理机构。单身是考虑搬到护理机构的重要因素，身为女性、租房（也就是说，没有自己的房子）和抑郁等因素，也会使人们作出同样的决定。⑨

　　婚姻和同居不仅在经济上有好处，在健康方面也益处多多。已婚者的平均寿命比未婚者长，而终身未娶的男性的死亡率尤其高。对于 65 岁以上的人，未婚者在与健康相关的日常活动的受限程度和身体不活跃的比例高于已婚者，离婚者和丧偶者介于前两者之间。为什么会这样？研究者猜测，这里面有"婚姻保护效应"（婚姻与社会认同相关，促进健康习惯的养成）和"婚姻选择偏差"（健康的人适应生活习惯的能力更强，更容易结婚）的作用。

　　正如本节开头的引文所说的，单身人士一旦离开职场，在社交上就可能变得孤立。独居这个风险因素，会因为健康状况和经济状况的限制加剧。当然，并非所有从未结过婚的人或未婚者都是独居的，也不是所有独居的人都是孤独的。人们的性格、家庭、交友网络以及社交机会等方面的差异，都能降低孤独和孤立的风险。例如，据我们所知，一群退休单身女性选择搬到同一栋楼里居住，这样当她们年华渐逝时可以互相帮助。她们定期郊游和外出用餐，同时又各自保留生活空间的私密性。作为单身人群，她们努力打造令自己满意的退休生活，如下例所示：

我有几个密友，她们也是单身，都差不多在同一时间退休，因此我们在某些方面可以互相支持。无论是工作还是生活，我都非常忙碌。对待生活我一直很积极乐观，相信退休能让我更多地关注个人愿望，而非工作上的事务。


## 新的亲密关系

正如我们所指出的，单身人士、离婚人士和寡妇或鳏夫退休后可能特别脆弱，容易受到孤独和社交孤立的影响。在退休后的这些年里,他们渴望或建立新的伴侣关系很常见。对于这些寻求亲密伴侣的人,他们在职场上建立的人际关系不再紧密,不像退休之前的职场人际圈会带来很多认识人的机会。现在,上网找是一个解决办法。

近年来,交友网站、应用程序或社交媒体层出不穷,老年人使用这些工具并不亚于年轻人,他们将这些视为寻找陪伴和浪漫的手段。虽然有些人是真诚的,但也有一些人以寻找伴侣为名,实则行骗。报纸和媒体上充斥着退休之后网上交友而受骗的故事,受害者遭遇了骗钱、谎言和性侵犯,等等。

为什么老年人会使用这些网站呢?据交友网站的用户说,在线约会的好处是可以扩大社交网络,交朋友和谈恋爱,以及更深入地了解自己的伴侣。骗子会利用这些诱使人们付出金钱、礼物,或泄露个人信息。可悲的是,除了经济上的代价,当网络那端的爱情骗局被揭穿时,在网上寻找爱情的人还要付出心碎的代价。假如谨慎行事且有安全措施,网上约会和交友网站还是能建立成功且持久的关系的。即便这些网站不能帮人们达成这一目的,只要小心应对,人们也还是有机会结识有趣的人并保持社交活动。不是所有网上认识的人都是骗子！

## 职场社交

当我们退休后，与同龄人的社交和友谊也会发生一些变化。许多工作场所的功能之一是提供社交纽带。这些联系可能相当广泛，不仅包括日常互动，还包括一系列下班后的社交机缘和活动。在某些情况下，亲密无间的友谊就是这样建立起来的。但即使没有这种关系，大多数职场中也不乏可以共享咖啡或畅谈片刻的人。除了同事，顾客们白天来来去去，会带来新的兴趣点和社交互动——有人可以说话，也许还能聊点什么。当我们问退休者最怀念工作的什么方面时，很多人谈及朋友和同事。

（我很怀念）和同事在一起，他们愿意以支持的方式倾听与被倾听。

我怀念同事之间的情谊。

性别差异的研究表明,男性在退休后更容易感到无所适从,其原因正如我们之前指出的,与女性相比,他们不大可能在工作场所之外建立社交网络。例如,与男性相比,澳大利亚女性认为她们有更多的朋友可以倾诉,更强大的社会支持,与朋友和家人更多的接触,因而孤独感较低。[10] 这些在工作期间表现得很明显,退休后仍然存在。一项针对退休者的大型调查显示,退休女性比退休男性更可能花时间与家人在一起、定期与朋友交往、在社区内做志愿者或照顾他人——这些活动无不根植于社交的土壤。男性则更可能把退休时间花在全职或兼职工作上,继续从事他们以前喜欢的职业,或投身于体育运动。这些活动也包含社交因素,但它更围绕某个活动展开,不太可能产生亲密关系和社会支持。[11]

一旦退休了,您就很难与同事保持原有的关系,因为他们工作日仍会忙碌。如果日常的工作进度没完成,特别的"约会"或电话会影响上班族的家庭时间,亲密的职场友谊会受影响,许多熟人和普通朋友的友谊很难延续下去。当然,许多退休者确实与以前的同事保持着活跃的友谊，这些同事是他们退休后所处社会群体的重要组成部分。不过，对大多数人而言，已经存在的非工作友谊圈将变得更为重要，加入新的团体和结交新的朋友将是一个挑战。对于那些更专注于工作、工作时间长、独居和／或家庭联系较少的人，这种挑战更艰巨。孤独和社交孤立的风险，如下所述，是真实存在的。

## 社会联系与孤独感

英国《每日电讯报》（*Telegraph Newspaper*）最近刊登的一篇文章的标题是《求助：寂寞鳏夫（89岁）厌倦退休生活，想找工作》[*Wanted：Job for lonely widower（89）bored of retired life*]，它深刻地提醒了我们，孤独感成为退休者和老年人生活中的重大风险因素。积极的婚姻关系是抵御孤独最有力的保护因素之一，而新丧偶的人尤其脆弱。

孤独的人生活中缺失的是什么？英国"结束孤独运动"（Campaign to End Lonely）对65岁以上老年人

进行的一项调查发现，孤独的人缺失的是那些我们容易想当然的简单、普通的互动方式，如与某人并肩而坐（52% 的人想念这一点）、和别人一起大笑（51%）、拥抱（46%）或共享一顿饭（35%）。一位 87 岁高龄的老人形容自己的孤独就像笼罩在头上的一朵乌云。[12]

牢固的亲密伴侣关系、高学历和高收入是抵御孤独的保护性因素，个人的性情、脾气也有一定作用。丧偶这种事情确实会增加孤独感，但总的来说，这种感觉在一生中并无太大改变。那些从未感到特别孤独的人更容易从丧偶这样的打击中恢复过来（当然，这并不是低估其影响）。报纸文章中那位孤独的鳏夫已经采取了一些积极的应对策略来改善自己的生活。最重要的是，他已经开始寻求帮助和支持。

产生孤独感的独立危险因素包括男性身份、身体抱恙、长期工作和 / 或有社会压力、社交圈狭小、缺少知己和社会关系质量差。[13]那些生病或有压力的人，发展或维持友谊的资源较少，例如，他们可能缺乏行动能力去拜访他人或参加俱乐部和兴趣小组。较小的社交网络很容易进一步缩减，因为朋友会搬家，随着年岁增长，他们自身的行动能力也会降低，直到最终死亡。正如我们在前一节中所看到的，男性的社交更基于活动，没有女性那么亲密。这种风格意味着，当生活发生变化，如退休或年纪大了行动不便时，男性的友谊更容易分崩离析。

缓解孤独感的一个重要因素是社会联系，它可以描述为对一个社会群体有归属感，这个群体中的人有信任感、共同的目标和义务。缺乏社会联系不等于孤独，因为可能有人与他人保持社会联系却仍然感到孤独，抑或社交上很孤立却内心满足。不过，对大多数人来说，社交孤立和孤独是密切相关的。多数研究表明，社会联系对身心健康都有好处。它是一种弹性因素，有助于应对日常生活中的起伏，包括退休过渡期和衰老带来的变化。有社交关系的人会体验到更多的陪伴，有更多的活动驱散无聊，在有压力或麻烦的时候有更大的圈子可以求助。一项对近 150 项研究的回顾发现，同吸烟、饮酒或肥胖的人相比，社会关系较少的人早逝的风险更大。[14] 尽管孤独是导致健康不佳的一个危险因素，但一些研究人员认为，缺乏社会联系才是更致命的因素。[15]

有一项有趣的研究跟踪调查了一组英国的退休 6 年的老年人。问卷调查了他们退休时以及 6 年后的社交团体数量和生活质量，也监测了研究期间的死亡率。这些长者参与的社交团体五花八门，有书友会、运动队、工会和宗教学习小组。加入更多社会团体的退休者，以及退休后仍保留这些团体的成员资格的人，比那些拥有较少或较不持久的团体成员身份的人，生活质量更好，寿命更长。这些模式在相对应的没有退休的老年人身上表现得并不明显，这说明，社交团体在人们"适应退休后新环境的过程中扮演着独特的角色"。更重要的是，在对生活质量和寿命的影响上，这些因素与体育活动的作用相当，而体育活动是老年人保持健康的一个公认因素。[16]

告别职场生活无疑会增加失去社会联系的风险。在我们调查的退休者中，有相当一部分人坦言，退休后最糟的事莫过于孤独或社交孤立，就像有人说的："一开始我觉得很孤独，我只想蜷缩成一团痛哭一场。"说这句话的女士之后开始努力建立自己的社交网络，加入所在地区的几个俱乐部，扭转态势，终于能够欣慰地说："我现在交了一群新朋友，有很多活动可以参加，我过得很开心。"

老年人的社交孤立会对身心健康产生负面影响，增加死亡风险并导致认知能力下降。[17]同时，还可能使他们更容易受骗和承受其他形式的虐待。这是一个明显的健康风险，有哪些策略可以帮助老年人减轻社交孤立，规避这样的不良后果呢？

## 迎战社交孤立

刚退休时，人们大多健健康康、精力充沛，这时最好能建立新的社交网络，来替代因离开职场而失去的朋友圈。可以安排定期与其他退休者或老同事聚会，同时努力维护现有的友谊；也可以加入某个俱乐部，培养一个可以与他人互动的爱好，或者尝试以下建议。

志愿者服务是减少退休人群孤独感的一种方式，它提供了与他人共同为有价值的目标而努力的机会，还能结交新朋友，增加社交活动。各种俱乐部或组织经常将志愿者的团体服务与社会、体育和教育类活动结合在一起。许多研究表明，志愿者服务对老年人的身心健康有积极的好处，如提高自尊、自我效能和生活满意度，甚至降低死亡率。有证据表明，志愿者服务或公民参与类活动在一定程度上弥补了晚年角色缺失的影响，包括退休后的角色缺失。[⑱]

另一个建议是获得一些对老年人开放的教育机会。参加一些您一直期待参加的课程，或者进一步发展已有的技能或知识，结识一些志同道合的朋友。有很多针对老年人的孤独感的干预措施的研究，最近的一个对此类研究的回顾研究发现，对抗孤独感的最有效方案往往包含了教育或培训因素，如与健康相关的课程、计算机培训或锻炼班。[⑲]针对老年人开设的团体健身课尤其有效，既可保持健康，又能提高身体灵活性。

对于身体健康的人，再找份工作也是不错的选择。正如我们所见，如今退休并不一定意味着立马放弃工作。许多退休者从主业退休后，会从事兼职甚至其他全职工作，这既能增加收入，又能建立新友谊和开发新的社会角色。

基于性别的组织，如男性车间运动（Men's Shed movement，在英国、澳大利亚和欧洲部分地区有基地），可以为失去职场社交网络的退休男性提供帮助。男性车间运动鼓励退休男性充分利用老年人可获得的医疗检查，为老年男性常见健康问题提供信息，并致力于消除对精神类疾病，特别是抑郁症的错误看法，从而促进男性身心健康。当地的分会通常组织无需预约的非正式活动，这类活动以动手为主，不以谈话为主。男性可以参加各种各样的活动，如一起或一个人做木工活、修理一辆旧车。组织方的目的就是吸引那些喜欢有人陪伴，但不一定自我定义为"组织成员"的男性。

脸书（Facebook）和其他擅长技术的团队可以为身处偏僻地区或行动不便的人提供保持联系的方式，但请注意，若过分沉溺于屏幕间的互动而欠缺一定程度上面对面的社交活动，这种过度依赖技术去社交的行为会令孤独感愈加强烈。知名的老年人在线社区，如"60岁开始"（Starts at 60）网站，经常举办当地聚会和其他社区活动，就是为了创造在真实世界结交新朋友的机会。

这些并非对每个人都适用，但群体生活是克服社交孤立的一种可能方式。一些退休人士与孩子或亲戚同住，组成多代同堂的家庭。这种方式当然有其社会收益和经济利益，但如果期望不一致或者越界了，家庭关系就可能变紧张。单身、丧偶或离异的退休人士有时会和志同道合的朋友一起合租或住得比较近，这样休闲活动、日常琐事和开支大家可以一起参与和承担。处得比较好的话，在困难时期还可以互帮互助，但同样重要的是，所有成员都会有明确的预期和意外情况，如生大病，得事先考虑清楚。退休村是另一种为退休者提供社会活动、联系和支持的群体生活方式。虽然很多文章都在说退休村的潜在隐患（尤其是财务问题），但对某些人而言这种方式非常好。也许对于任何形式的集体生活，可以提供的主要建议都是：在你为任何新的生活安排付钱时，请和财务顾问或可信赖的朋友讨论一下对个人财务的影响，评估一下是否适合自己。

当然，加强社会联系不一定非得像搬家那样使生活巨变，有很多选择：狗或其他宠物可以提供陪伴、锻炼的机会、加入俱乐部、散散步，与其他人见见面、聊聊天，等等。有大量研究表明，养宠物会给老年人带来幸福感，它的作用之一是减少孤独感。[20] 至于人际陪伴，一些退休的人会加入身处职场时的校友会，以这种方式与前同事保持联系；另一些人则特别努力地与邻居们加深了解，或者维护年轻时因为工作和家庭的压力而忽略的旧日友谊。也有些人喜欢花时间去维系长久以来的友谊和社交团体。这里的关键信息是：退休后保持社会联系对健康和福祉至关重要。对许多人来说，这需要大家有意识地努力杜绝社交孤立导致身心不健康的可能性。

# 第六章　重塑身份

　　您是做什么的？这是一种常见的社交开场白。"做什么"可以彰显工作的社会价值，而且一个人的职业角色不但能体现其社会地位，还能反映这个人的世界观。无论您的回答是医生、教师、文员、机械师或其他工作或职业，别人都指望您会符合这个工作角色的行为标准。

　　头衔不仅仅告诉别人您的工作是什么，还能传达一些关于您这个人的信息，它是个人身份的一部分。这么说来，"我退休了"传达了什么信息呢？在这一章中，我们将讨论退休旅程中，我们对自我认同感的心理重塑。

# 退休——身份的搅局者

何谓心理认同？身份认同感可以描述为对于您自己是谁，什么对您来说至关重要，以及您的人生目标和宗旨有清晰的认识。

在发展心理学文献中，青春期被视为发展身份认同感的关键人生阶段。如果没处理好，就会导致角色混淆，引发情感淡漠。选择和成功扮演具有社会价值和意义的角色，为身份发展提供了最规范的途径。对青少年来说，这通常意味着要选择一门对个人来说有意义的课程、一份工作或某个职业，引导他们走向正常的成人生活。有学者假定"身份危机"是青春期的一个决定性特征，因为年轻人在生活中很难找到确定的方向。

中老年时，身份相对稳定下来，不大会出现角色混淆的情况。大多数情况下，我们知道自己是谁，要去何方。对于成年人中的多数人，身份与我们所做的工作息息相关。有偿工作在生活中扮演了关键角色，不仅仅是因为我们在这个角色上花了多少时间，还因为工作会提供社会地位和社会反馈，也构建了我们的自我意识，使我们能够扮演其他成人角色，例如挣钱养家或被大家公认是个有责任感的群体成员（而不是"游手好闲"或"骗取救济金"的人）。

一些学者认为退休会带来新的身份危机。此话当真？对某些人来说确实如此。虽然稳定的身份感的核心很可能是顺利地从青少年阶段过渡到成人阶段，但毫无疑问，任何重大的生活变化都会引发对自己身份的质疑，使我们需要重新调整、协商社会角色和人生目标。结婚、为人父母、离婚、移民和退休都是生活变化事件的范例，这些事件会导致一个人自我意识的改变。这一过程可能在某些人心中激起焦虑和压力，在另一些人心中点燃激情与兴奋，在大多数人心中则可能引发复杂的情感。

随着角色的增加或失去，身份感的各个方面都可能被破坏或加强，从而形成一个截然不同且更复杂的整体。在这一过程中，心理社会"危机"的程度可能取决于生活变化的规模、性质和速度、一个人对工作角色的依恋程度、个人气质、社会支持的可获得性，以及其他理想角色的出现程度。在前几章中，我们拿出了相关证据说明退休满意度和调整与许多不同的变量有关，包括规划和选择何时退休的机会（第一章）以及退休者可获得的社会支持和社会联系（第五章），现在，我们来探讨一下上班族身份对退休过渡期的影响。

## 上班族身份和退休后的适应

在对退休女性进行的大样本研究中，我们询问参与者："对于工作，您最怀念的是什么？"虽然很多人回答"什么都不怀念"或"怀念薪水"，但也有相当数量的回答深刻揭示了工作在身份认同和赋予生活意义中的重要作用。

（我怀念）那种价值感。我认为我们这代人在工作中才能找到自我价值。我现在感觉自己失去了身份认同。

（我怀念）身份认同和别人对我的赏识，以及工作挑战带来的使命感／价值感。

也有人回答"我觉得自己被忽视了""我失去了目

标感"或"我怀念那些能有所贡献的日子。"

我们还询问了这些女性工作的原因，让她们用"非常重要""重要"或"不重要"来评价10种不同的工作动机。有些原因被认为是更强有力的指标，表明人们倾向于围绕工作场所开展活动和以塑造个人身份为目标。其中包括承认工作"对我的自我意识有贡献""有助于维护我的自尊""提供智力激励"以及"给我一种作出贡献的感觉"。在受过良好教育的受访者样本中，有很大比例的受访者（分别为56%、52%、69%和60%）认为这些工作原因都很重要。我们用这些数据设计了一个对上班族身份感的评判标准，发现从专业岗位和管理岗位退下来的人的得分明显高于社会地位较低的退休者。同样，较高的受教育水平与更强的工作身份感有关。在这些研究结果中，我们不过是重申了组织心理学研究的一个普遍共识，即从事在社会上受到重视的职业和/或需要更多时间和专注力培训的职业的人，更有可能将自己的工作角色视为自我意识的一个重要方面；男女皆如此。

我们采用一系列统计技术，研究了上班族身份认同与退休后的适应之间的关联强度。正如人们所预测的，相比于同工作角色联系密切的人，同工作角色联系较弱的人对退休生活的满意度较低。这在统计学上的影响意味深长，尽管其影响不算大。在表达对退休的不满的程度上，即使是在非常重视工作的个体中，也存在明显的个人差异。例如，某种程度上，是否不满取决于女性退休时间的长短。刚退休的人更容易产生不满情绪，而退休时间较长的人有更多时间来适应，因而对自己的新角色更满意。其他影响工作者身份认同效应的因素包括退休期间参加活动的次数和对社会联系的满意度。在退休后承担更多不同角色的人，以及那些认为自己与社会关系更密切的人，更可能克服失去工作角色带来的负面情绪。

这些发现并不出人意料。"工作狂"，即那些全身心扑在工作上，花大量时间工作或思考工作的人，在社区中承担责任、了解邻居、维持和培养友谊或享受兴趣爱好的时间会更少。他们需要时间来消化自己社会地位的变化，尝试新的角色，将自己的激情引导到新的方向上。正如我们在第二章中所探讨的，退休是一个社会心理旅程，而不仅仅是状态的改变。

先前有关工作者身份与退休后的适应之间关系的

研究结果是模棱两可的。其中一些研究表明，工作者的身份认同与退休后的适应存在正相关关系。而其他一些人，比如在我们的研究中，又显示出存在负相关关系。[①] 结果的不同至少有两方面原因。首先，不同的研究采用了不同的结果衡量标准，如自尊、退休后的适应或生活满意度。我们发现，工作者的身份认同对退休满意度有负向影响，但与整体生活满意度无关联，说明工作者的身份认同不一定具有普遍影响。其次，影响退休后的适应的因素很多，并不是所有研究都能考虑到这些因素。我们发现，随着时间的推移，工作者身份的影响会逐渐减弱；其他人也发现，退休时间越长，曾经工作过的日子的影响对当前所做调整的影响就越小。[②] 其他因素的影响会占据上风，如友谊的牢固程度与对新活动的热情。

一个被称为"年长工作者身份认同"的概念被认定对适应退休的难易程度有影响。年长工作者身份认同描述了一组自我信念，即认为随着年龄的增长，成功管理业务的能力在逐渐减弱。《年长工作者身份认同表》中有以下一些例子，如"我在完成工作时开始力不从心""我在完成工作方面创造力下降""我不再有完成任务的动力""我的适应性和灵活性变差了"。③ 有趣的是，虽然在一些研究中，年长工作者身份认同与退休意愿有关，但它并没有被证明能改善对退休的适应。④ 这也许是因为它包含一套关于衰老和表现的负面评价，之所以展开新的人生阶段是因为能力不足而退休，比为了实现新的目标而退休暗含更多负面的弦外之音。

## 性别差异：谁更难适应退休？

早期的退休适应研究得出结论，男性在应付这种转变方面比女性更艰难，因为他们对职业的依恋（或工作者的身份）更强，而且社会交往能力较弱，"非工作的例行公事"（即家庭职责和社区职责）较少。⑤ 但这些研究没有考虑到过去 20—50 年女性就业的强势增长，以及女性在较高社会地位的工作岗位中占比提升。最近有观点认为，女性会觉得这种转变更难，因为她们退休后的工作目标（包括经济保障）可能比男性少，这种假定的状况可以说是女性典型工作模式——容易中断职业生涯和从事社会地位较低的工作导致的。

尽管对在工作者身份和退休适应方面可能存在的性别差异不乏评论和意见，但最新数据很少。一项针对50—65岁退休者（包括22名男性和26名女性）的定性访谈研究发现，"传统性别角色占主导地位"，男性更容易在退休时产生负面情绪，更可能将自己的工作角色视为身份的核心。例如，一位男性描述了被解雇时，他对身份认同的丧失、愤怒以及他（和家人）在社区中地位的降低是如何感同身受的，尽管他经济上有保障，能够找到工作并渡过难关，在工作之外也有诸多兴趣。虽然这些反应在男性中更为常见，但有些女性也有过这样的心路历程，例如，一位60岁被迫退休的女教师将自己的感受等同于丧亲之痛，一种对失去自我的哀悼。尽管如此，研究者们得出结论，由于样本中传统性别角色占主导地位，他们采访的男性发现，自己从工作过渡到退休的过程更艰难，因为这剥夺了他们所认同的男性身份的一个重要组成部分。对他们来说，以家庭为基础构建起来的家庭角色和休闲活动并没有充分弥补这一损失。⑥

在最近的一项定性研究中，研究者对34位年龄为55—77岁的男性专业工程师进行了访谈，共同探讨如何应对职业后期的发展。⑦尽管没有具体提及退休问题，但很多人一谈到退休，大多使用消极的措辞，譬如"问题"或"麻烦"。他们可以预见自己在经济上的担忧、社交上的孤立（从"每天和60个人聊天到和猫聊天"），以及缺乏其他活动填补时间上的空白，也害怕衰老（"关上大门，被赶出去"）和最明显的身份认同感的丧失（"我将不再拥有职位赋予我的话语权""你似乎还需要一些能保护你的价值的东西"）。在这些工程师职业生涯的后期，他们塑造了自己的身份——他们是睿智的长者和知识的守护者，是有目标、有价值的人。他们努力对抗着一种信念：衰老和退休会抵消他们的贡献，抵消他们作为一个人的价值。从中我们可以明显感受到他们的愤慨和对未来的某种恐惧（"其他人会对你不管不顾……"）。

有几项研究的对象是退休的职业女性，可能是为了确认她们在退休的过程中，是否和用工作来定义身份的男性一样存在类似的困难。其中一项研究包含14位退休的职业女性，年龄为64—82岁，她们在7—15年前退休，每个人都接受了两次采访。研究的目的是关注这些女性如何管理她们的退休过渡期，特别是重新协调身份和生活角色的过程。⑧有几位反思了她们刚退休时如何经历"无角色状态"以及如何努力寻找新的生活目标，不过，大多数女士并没有提及退休对她们的自我意识或自我认同的持续性破坏。有位女士的话语恰如其分地概括了这一研究的结果：

> 我从来都将自己视作一个完整的人，不会觉得自己只拥有事业。有些人，她们确实只有事业，但我有足够多的事情让自己兴趣满满。我一直想去做，这些从未改变。⑨

女性采取了三种策略来保持她们自我概念的一致性。首先，她们表达了在退休前就具有的强烈的，也往往是内容丰富的自我概念。还有几个人指出自己所承担的非工作角色的重要性，如在家庭、社区和友谊中承担的角色。其次，14位女士中有13位在退休后继续以某种方式练习专业技能。她们表示或暗示这种持续性有助于维持自己的能力。最后，许多研究的参与者都强调，退休让她们有时间去发现新技能和新兴趣的价值。事实上，所有女性都践行了"角色扩展"，即用其他角色弥补她们专业角色的空缺，如志愿者工作、加入董事会、指导他人，以及在以前的工作领域做兼职或临时工作（如代课教师）。

虽然上述研究中的女性意识到，身份认同感被破坏是她们从专业岗位退休后的一个潜在后果，但她们采取了积极的措施，既坚守退休前个性的某些方面，又欣然拥抱新机会来拓展她们的角色和追求，从而保持一种强烈的自我意识。另一项针对职业女性的小型深入访谈研究也得出非常相似的结论，研究者发现，当这些女性退休后，她们会致力于心理"工作"，重新构建了退休后的新身份。她们的策略包括将工作者身份的要素带入退休（如个人能力），借助志愿服务和帮助他人发展新角色，继续学习新技能，以及注重培养社交网络。[10]

看来，我们有必要进一步研究性别在退休适应中的作用。首先，研究领域存在一个空白，即探索那些成功、满意的退休男性的特征和身份重构策略。其次，需要复现一些早期的大规模性别差异研究，以反映当代社会工作环境中（某种程度上）性别平等有所增强的现实。

## 一日为上班族，终身为上班族？

到目前为止，我们讨论了一个人的身份认同感如何在脱离工作角色后被破坏，以及这种破坏如何影响退休后的适应。我们已经描述了退休者用来重新定义自己和改变身份的一些策略。在本节中，我们稍微退回一步，再次提醒大家，工作者的身份可以，而且一般来说依旧是退休者自我定义的重要和健康的组成部分。例如，在回答我们在本章开头提出的问题时——"您是做什么的？"很多退休者会这样回答："我是一名退休教师／医生／经理／电工。"这种自我描述通常不仅仅是简单地为过去的角色正名，它还暗示了一些有关现在的退休活动的信息。这种自我描述的下一部分很可能分为两类：第一类是描述旧角色如何融入新角色的，例如，"我是一名退休教师，现在偶尔还教教学生／做志愿者，为新移民做英语教师／正创办家教机构"；第二类则描述如何将旧角色抛在脑后，用一种全新的角色取而代之，例如，"我是退休教师，现在是一个艺术系学生／正在创办一家旅行社／正在写一本关于宇宙飞船的小说"。

正如研究退休的学者唐纳德·C.雷茨（Donald C. Reitzes）和伊丽莎白·J.穆特兰（Elizabeth J. Mutran）所说："退休的人仍然会以过往的职业身份自居。即使他们不再拥有，这种身份感也挥之不去。"⑪退休后的自我感知是由新旧角色混合而成的。

瑞士对792位58—70岁的人进行了一项研究，其中443人已退休，349人未退休。这项研究就是要设法解决挥之不去的上班族的身份认同问题。⑫主要目的是研究退休者的自我形象与职场人士的自我形象有何差异。参与者被要求评价不同自我描述领域的重要性，如职业角色和家庭角色。结果显示，退休者关于专业领域的自我描述的重要性和职场人士的结论不相上下。一般来说，退休的受访者比未退休的受访者"身份更多样化"，与尚未退休的受访者相比，他们认为更多的自我描述领域更重要。没有哪个自我描述的领域在退休后变得不那么重要。此外，身份多样性与生活满意度存在正相关。老年人认为对自己而言重要的角色越多，就越快乐，无论是职场中人还是退休者皆如此。

退休者会采用各种策略继续凸显其工作身份。哪些策略最具吸引力取决于他们退休前的工作类型和工作场所。例如，在家办公的退休者可能仍然偶尔接受有偿或无偿合同，但不太可能参加和以前职业相关的社会活动；在以前的工作中对高智力水平激励有需求的人，比那些认知参与度较低的人更可能继续了解该领域的最新进展。在我们自己的研究中，最常用的策略是阅读自己以前所在领域或所做工作的最新发展和变化方面的书籍（41% 的人经常这样做，45% 的人有时这样做），以及与前同事保持友谊（34% 的人经常这样做，49% 的人有时这样做）。25% 的人参加在以前的工作场所举办的社交活动（如圣诞晚会）以保持联系，20% 的人参加与之前工作领域有关的会谈或会议，同样比例的人继续积极参加专业协会或工会的活动。更多的人（36%）有时或经常继续在其专业领域从事无报酬的工作，如辅导或演讲，而 18% 的人不定时被临时雇用从事有酬劳动。简而言之，退休者用非正式的社会联系和更正式的结构联系维系原有的工作身份，还会利用职场岁月中获得的技能和联系巩固自己的新身份。[13]

我们结合参与者对上述项目的评分构建了一个量表，用来测量"职场依恋"，还检验了量表得分和其他几个变量之间的关联。我们发现，那些退休前从事专业或管理工作，或拥有更强烈工作身份认同感的人，退休后不出所料地在"职场依恋"上得分更高。与那些不太愿意维护以前的职业身份的人相比，对职场很依恋的退休者受教育程度更高，也更活跃，这在某种程度上是因为他们参与的社会活动和休闲活动范围更广泛。他们也更有创造力，对自己为社会和社区作出的贡献有更强的满足感。职场依恋策略似乎为退休过渡期的调节提供了一条可行之路。

随着退休时间的增加（以及年纪逐渐增长），职场依恋感有所下降，这种倾向反映在工作场所依恋与生活总体满意度的关系上。那些更喜欢工作的人通常对现在的生活更满意，但这只适用于退休后的前 10 年。退休者，即使是那些通过与工作场所和 / 或前职业保持联系，维持其工作者身份的人，也会用别的事物取代这些联系，或者随着时间的推移而渐渐淡出，总体满意度却不会降低。据推测，其他（或更少）活动会取代职场交往和兴趣。

## 重塑身份的多种途径

正如我们在本章前面指出的，从事专业和高地位职业的人有更强的身份认同感。对那些在职业生涯中没有维持所谓"工作/生活平衡"的人来说，这种感受或许更强烈。然而，"为生活而工作"的人，与"为工作而活"的人相比，更可能围绕有偿工作所提供的角色来构建自我意识，例如社会秩序的贡献者、家庭的经济支柱、友好的同事、工会成员。退休后，这些角色和自我意识都要随之调整。对于神经外科医生和议会议员、教师和狱警、居家 IT 工作者和一家大公司的经理来说，调整或许有所不同，但无一例外都得调整。

退休后的心理调整，可能涉及对职业身份的维系和适应，这些在本章中已有详尽的讨论，但重塑身份认同只是退休后重新建构身份的途径之一。对某些人来说，这不是一个选择，因为退休意味着割断与工作场所的大部分或所有联系。对另一些人而言，根本不值得这样做，因为他们既不喜欢自己的工作，也从未觉得工作能带来成就感。既然如此，可以想想退休提供了许多令人愉悦的重新来过的机会，比如把时间都花费在已建立起来的新兴趣和爱好上，回馈社会，加强家庭成员之间的关系，或者把想参加的活动都列在一张单子上挨个去做。

重塑身份的途径多种多样，其过程可能成功，也可能失败。不是所有新活动和新角色都能维持下去，也不是所有友谊都能开花结果。尽管如此，关于社会联系和维持社会角色对退休后的福祉的重要性的研究依然很有说服力（见第五章）。发展心理学家的理论认为，在一个人的中老年阶段，生成性角色将是最有回报的，这些角色将有助于构建一个更强大，更满足的自我。这些角色包括回馈社会（如志愿者服务）、培养个人的创造力或投资后代（如指导年轻人或照顾孙辈）。它们虽然有价值，但并非人人都能胜任。毫无疑问，相当一部分退休者满足于围绕着放松、休闲和社交来塑造一个新身份，他们更愿意享受"存在"的乐趣，而非不断追求"做事"的满足。

# 第七章　尽情享受退休时光

是事务繁多，时间捉襟见肘，还是岁月悠悠，却无所适从？您将如何抉择？

我们当中有些人一开始退休就有焦虑感，因为不知道未来会怎样。当工作不再占据我们清醒着的大部分时间时，生活会是什么样子的？一旦工作不再是我们个人身份的重要组成部分时，我们该如何定义自己？退休生活应如何勾勒？我们该如何打发时间？

二十多年前，贝蒂·弗里登（Betty Frieden）创造了"人类工作"（human work）这一新词，用来描述退休后的独特机会。[①]"人类工作"是指我们自由选择的工作，无论大小，之所以去做是出于热爱而不是出于义务。正如某位作家所言，"人类工作，这个词汇甚好，因为它尊重衰老和退休的多样性以及复杂性"。[②] 它还提高了人们对衰老以及老年人心理成长的多种可能性的认识。

正如前几章所关注到的，我们退休后的成长受到一系列复杂因素的影响，这些因素包括自身的成长历程、个性、自我感知以及我们与工作的关系。有些退休人士在退休前，面对自己无法掌控的制度、政策及其做法，会深感无能为力。还有些人在长期的艰苦工作中身心俱疲，会选择至少在刚退休时享受宁静与平和。退休让他们从工作的重压中解脱出来。从事有挑战和促进个人成长工作的人也可能选择退休后依然工作，只是深入的程度和强度会有所不同，他们还会追寻一些以前不得不推迟的活动，如一些新的刺激性娱乐活动。可以说，一个人觉得退休是好事，并不一定意味着对另一人来说亦如此。当然，对于未来退休的人，退休可能意味着做完全不同的事情。他们的工作模式可能更多的是在家办公，工作时间也相对灵活，这会导致与固定工作场所的联系减少。更不必说，越来越多的机器人已经接替了大量人类工作！

如今的退休者如何充分拥抱退休生活呢？思考这

个问题时，我们需关注衰老和退休之间的密切关系。虽然退休年龄可能会大相径庭，但这一阶段的生活不可避免地与衰老过程和这一时期的正常变化密切相关。退休者必须直面衰老带来的健康问题，以及这一人生阶段对我们的社会、心理和经济上的影响。

在最后这一章里，我们不再提供前几章所涉及主题的具体内容概述，相反，我们转为更关注如何以令人满意和促进成长的方式度过退休时光，以及如何规划退休生活。我们调查了一些退休女性心中的遗憾，这些遗憾与我们交谈过的众多退休男性和女性的心声不谋而合，也与我们在文献中捕捉到的洞见一致。

## 什么有助于顺利退休？

前几章详细描述了退休生活的方方面面，这些对于在这一人生阶段收获幸福和满足大有裨益。这里我们不打算老调重弹，而是将目光投向退休生活的另一重要组成部分，即退休的人都参加了什么活动。

退休后我过得超开心，远远超出自己的预期。我曾害怕生活会变得无聊和失去意义，但实际上，我很容易就找到了许多有价值的活动，我从未像现在这样忙碌过。正如很多人所言："我过去是如何挤出时间去工作的？"——这句话道出了真相。……我学习纯粹出自兴趣爱好，我还可以到处旅行。所以最近有人对我说，"你过着我们都向往的生活"。谁会不爱上这种生活呢？

退休不再被视为生命的终结，而是人生的下一个阶段。在这一阶段中，人们可以重启之前因全职工作而耽搁的活动，作出新的生活抉择。对每个人而言，退休是可以追求自己认为重要的事情的最后机遇。人们计划中的最常见的退休活动有旅行、专注于各种爱好、园艺、体育运动、通过锻炼强身健体、阅读和放松、家居装修和参加志愿者服务。现实是否与这些计划相匹配呢？

答案是肯定的，虽然存在性别上的差异。与男性相比，女性较少参与有组织的体育运动，或监督金融投资，从事兼职工作，或通过阅读、兴趣小组或会议延续退休前的职业身份。男性参与志愿者服务比女性少，即使参与，他们也更可能扮演监督者的角色，而非一线的执行者。总体而言，女性的退休活动往往比男性更具社会色彩，如与友人共度时光和照料他人。在我们的研究中，女性最常见的退休活动是阅读、看电视和听音乐，以及一些与家庭有关的活动。在另一项研究中，锻炼和保持健康对多数女性来说相当重要，她们把运动类课程描述为一天中的"组织性"要素，井然有序且安排得当，一如往昔的工作。

有充分证据表明，休闲活动对于适应退休、提高生活满意度和幸福感有积极贡献。③这一点在很多网络版和印刷版的杂志文章中都得到了印证，这些杂志供退休者和老年人翻阅，敦促老年读者们退休后要保持积极主动，还就如何做到给出了建议。我们的研究表明，女性参加的活动越多，她们就对退休后的生活和总体生活越满意。对退休后的生活和总体生活的满意度也可通过很多具体的活动来预测，尤其是旅游、与朋友共度时光、健身活动、加入俱乐部和投身业余爱好。这非常好理解——家庭琐事或照顾他人并不能给一个人带来满足感。

一个有趣的问题是，退休的人通常会开启新的活动还是保留旧活动？事实上，退休的人可能因为体力、精力不济或生活环境的改变，一些活动不得不放弃。在这种情况下，退休可以是开始新追求的契机。我们已经知道，退休后的活动既具有连续性（继续退休前的活动），也具有脱离性（放弃退休前的活动），但退休后新兴趣和新技能如何发展，几乎没有研究证据。

一项对退休前参加大量休闲活动的人进行的小规模研究发现，在退休后的休闲活动方面，女性比男性更富有创新精神。男性会倾向于继续之前的活动，女性则倾向于在休闲活动中体验更多的角色，而不是取消这些角色。[④] 研究人员得出结论，对于女性，增加新的角色体验的动力并不来自退休，而是一种解放，她们脱离了先前定义自己生活的性别角色责任。为什么男性和女性在退休后会获得或未获得新技能，这是一个有待进一步探索的课题。休闲活动中的性别差异是早期社会化和性别角色的结果吗？男性和女性所获得的机会是否存在差异？

## 会有哪些遗憾？

我们饶有兴趣地发现，在研究中，参与者对他们在退休过渡过程中面临的困难有着颇多感慨。多年职场生活中的日常秩序和结构给予我们稳定感，而退休后这种结构的缺失可能会导致无目的感，随之而来的是幸福感的悄然流逝。正如我们研究中一位退休女性所说：

适应退休是一个缓慢的过程；一开始我很难把生活填满，生而为人，也不觉自己作出多少贡献。

之前我们在第五章提到，当涉及伴侣时，困难会加剧。虽然退休后有伴侣的人比无伴侣的人满意度更高，但对某些人来说，会难以承受靠伴侣的薪水生活的感觉。这需要时间来调整。另一个常见问题是，夫妻一方的目标和愿望可能会被搁置，以迁就另一方的目标和愿望，然而另一方可能退休，也可能不会退休。制定一个退休后能做什么和想做什么的计划有助于避免出现这些问题，不要等真的退休了才开始筹划。如果你有伴侣，和他／她谈谈共同的活动以及各自的活动。在我们的研究中，两位女性在被问及退休后可能会有什么变化时表达了她们的心声：

如果我和伴侣能够（或者现在也应该）就我的退休对我们双方以及个体意味着什么进行更多的讨论，那将是非常有价值的。有时我会感觉到，我们的心似乎指向不同的方向，大概是因为他年龄比我小，心理上对退休这件事还没有做好准备。

[我会]考虑我的需要而不是我丈夫的需要。他比我早退休10年左右，他多年来一直渴望离开，去做"灰色游牧民族"的工作。他等我退休等得有点不耐烦了，但要我满足他心血来潮式说走就走的愿望，我也备感压力，这使我几乎不可能全身心投入我认为的我应该/愿意做的志愿者工作。我依然渴望感到自己有价值和被需要，而现在我感受不到。这是我们家中巨大冲突和不快乐的根源。

许多退休的人希望自己能更好地规划退休后的空闲时间，这在我们研究的人群中成了一个焦点。虽然制定退休计划大有好处是共识，特别是做好财务规划的益处，但并非所有人都这样认为。有位女士提醒我们，制定计划也会存在弊端，生活并不总是遵循预期的轨迹。

有时生活会抛出曲线球，让你无法应对。再多的计划也不能使一个人做好应对曲线球的准备。保持灵活、足智多谋和忠于自己的内心才能经受住这些考验。退休规划对我来说不会有什么帮助，因为我遭遇到意想不到的暴力和创伤……唯一有帮助的就是坚信有善人会走进你的生活，并尽最大可能支持你度过这个艰难时期。制定计划的危险在于，它构建了一个"期望值"。

许多评论提到，在可能的情况下，从兼职工作逐步过渡到退休会是有益的，这能提供决定自己退休后想要实现什么目标和相应计划的机会。

我认为通过兼职工作逐步过渡到退休是非常有好处的。同样，在非工作日尝试看看有哪些志愿服务可选择也是有益的。话虽如此，上班的时候还得兼职工作对我来说却是天方夜谭。

弹性工作的概念并非新事物，很多公司以各种方式给员工提供弹性工作机会，如职位共享、远程办公、压缩工作周和兼职安排。但这类项目通常规模较小，在实践中也主要由有家庭责任的人承担。参与的员工通常必须承担一些损失，职业生涯会受点影响，退休后的经济保障也会较低，正如我们之前讨论女性往往过着碎片化的职业生涯时所目睹的。如果公司为老年员工提供容易获得的灵活方案，将他们组织起来，让他们不会觉得自己被边缘化，就会对双方都有益。一方面，公司收获和保留了老年员工的技能和经验；另一方面，老年员工也能按照自己的节奏过渡到全面退休状态。

后悔提前退休，无论是自觉的还是不自觉的，都不少见。我们在前面几章中关注过提前退休的利弊，财务问题是最棘手的问题之一。同样，对于那些退休时间由他人决定的人，规划退休的机会很有限。我们会观察到，这些退休者可能发现，自己对退休后生活的满意程度不如那些可以自由选择退休时间的人。

最后，关于退休规划，一位女士这样对我们说：

如果有一种方案可以让我真正思考退休意味着什

么——我会失去什么，又会得到什么——我或许就能准备得更充分，我一定会参加的。

有趣的是，在互联网上搜索一下，我们会发现，人们其实非常关注退休前的财务规划方案，据推测，其中许多方案还提供了有关退休的其他关键方面的信息。在我们看来，这样的退休前的方案应包含有关退休生活四大支柱的信息——钱／住房、健康、社会关系、身份／目标。厄尔（J. Earl）建议，企业可以提供退休前的计划，将退休作为职业发展过程的一部分，以此帮助员工工好退休准备，这就是鼓励员工在可能的情况下逐步转向非全天性工作。⑤澳大利亚统计局（Australian Bureau of Statistics）发布报告，约 40% 的澳大利亚人希望在永久性离职前从事兼职工作，但他们并未实现这一目标。主要原因是，他们担心如果要求兼职，老板会如何想。老板是否愿意接受这种阶段性退休？显然，最有效的方案是那些讨论进一步就业可能性的方案，以及涵盖退休生活四大支柱的方案。

# 为积极退休做规划

我们如何确保向退休平稳过渡呢？和做财务规划一样，我们需要花同样多的时间来思考我们的退休生活需要什么以及我们想要什么。虽然每个人的需求不尽相同，但良好的规划有助于建立良好的退休生活。这里有一些常见的做法供参考。

我们在第五章中提到，保持或建立社会关系是"成功"退休的关键因素。对多数人而言，工作环境是交友和社交生活的重要来源之一。虽然退休不一定意味着这些人际关系就此结束，但无论是借助兼职工作、加入俱乐部，还是参与任何形式的有组织的社会活动，我们都需要努力寻找老朋友和结交新朋友。无论是参加有组织的运动或活动、散步、搞搞园艺，还是陪孙辈们过一天，保持活跃也是健康退休的另一重要因素。有不少健身团体为老年人提供锻炼身体、预防疾病的机会。走出舒适区，进入一个新的环境对人好处多多，也能激发新的兴趣。如果有伴侣，还可以尝试一起规划退休活动，坦诚沟通退休过渡期可能出现的问题。

创造性活动也能满足许多退休者的社交需求和智

力需求。有很多可以尝试新的创意活动的机会，或者通过为老年人提供大量课程和兴趣小组（其中许多课程是免费或低成本的）来扩大对原有爱好的投入。对于那些不确定什么会让他们感兴趣的人，建议进行一个心理练习，即回想一下小时候喜欢什么，通常这类活动会唤醒人们对晚年生活的热情，如绘画、手工艺活动、模型制作和创意写作。

重要的是，规划好退休后的财务。您认为停止带薪工作后，您还需要多少钱？现在已经活到65岁的人，其平均寿命为86岁；活到85岁时，其预期寿命为92岁。"您活得越长，您就越有可能继续长寿。"而且，女性通常比男性更长寿。

一些作者将退休后的寿命概念化为三个与健康相关的阶段：无疾之年、有疾之年和依赖之年。很明显，各阶段的退休成本会有所不同。对大多数退休者来说，最后一个阶段的成本将明显高于前两个阶段。因此，仔细规划，确保您有足够的财力维持第三阶段的生活，是非常有必要的。同时也要考虑刚退休时如何花钱，以便充分享受这段宝贵的时光。动用退休金或其他储蓄支付旅行或其他生活开支是花钱的最佳方式吗？住房面积变小或换地方居住是您的最佳选择吗？这些问题我们很少在刚退休时就涉及，但我们的选择可能会对今后的财务安全有重大影响。

## 保持积极向上的态度

积极心理学这一新兴的心理学分支学科，研究了积极思维如何影响健康和幸福。[⑥] 从这一角度出发，不少大学涌现出新的积极老龄化研究中心，其使命是寻找解决老龄化人口面临的一些关键挑战的办法，包括流动性、孤立和孤独、不断变化的配偶关系、劳动力参与度和性健康等问题。这些中心往往关注整个社会如何感知和促进积极的老龄化及老年人的福祉，其目标是改变我们对老龄化和老年人能力的负面看法，并鼓励社区为更健康的老龄化发展创造有利的环境。

夫妻档作家帕特里夏·埃德加（Patricia Edgar）和唐·埃德加（Don Edgar）在《巅峰：重塑中年》（*Peak, Reinventing Middle Age*）一书中提出，中年可以是我们生活的巅峰，在这个时期，我们可以充分利用所经历和学到的一切。⑦ 他们认为，长寿意味着我们所有人都需要重新思考自己的责任，在 50 岁和 60 岁之后照顾好自己，为社会作出贡献。这是一本非常乐观的书，利用最近的研究来探索"产出性老龄化"（productive ageing）所面临的机会和阻碍，而这本书第二部分的小传记展示，在人生的晚年，灵活性可能是拥抱令人满意的生活方式的关键。对长寿的研究清楚地表明，那些顺利步入老年阶段的人享受着充实的生活。他们积极利用晚年时光，继续过有目标的生活，在困难时期也韧性十足。正如作者所言：

　　衰老的某些影响是可以应对的。我们越早关注这些，就会应对得越好。成功的中年人通常有自我激励意识和社区意识，能够独立地管理自己的日常事务和需求；尽管有时会感到孤独，但大多数人并不是孤立的。他们不会被遗憾吞噬，学会了一天天生活下去，保持着对世界的兴趣，做有趣的人。在他们的人生中，他们有被爱的感觉，就会无悔这一生。⑧

　　我们知道，幸福与生活的意义和目标相关，每一天都要有起床的理由。实现这一点有很多办法，每个人都有不同的方法。退休后保持身体健康是保证生活质量的一种方法。的确，我们做得越少，我们能做到的就越少。保持健康的关键是吃得要好。要做到这一点，我们需要知道并遵循受推崇的科学饮食选择，正如我们在前一章所看到的。拥有充足的高质量睡眠是健康的基础。如果我们深感疲惫，积极锻炼身体、吃得好、找寻生活的意义等就会更难以实现。

很重要的一点是，研究表明，我们看待生活的态度对我们的情绪影响很大。我们知道积极的态度与幸福、健康和良好的人际关系密切相关。对老年人来说，对衰老的态度尤为重要。与那些更积极地看待年龄，更关注自己能做什么而不是不能做什么的人相比，将衰老视为一个糟糕过程的人，其感受会更糟糕，在面对不可避免的疾病、疼痛时尤为明显。

我们在前一章已经探讨过，与他人及社区保持联系对于保持积极的退休态度至关重要，而孤独和孤立与糟糕的结果关系甚大。有必要积极保护自己免于被孤立，有很多办法可以做到这一点：与老朋友保持联系，加入当地的俱乐部，参加一个组织并且去做志愿者，开始或继续某个业余爱好，注册新课程，等等。在退休的这段时光，您可以尽情尝试不同的活动。您有的是时间，在经历了一生的风雨洗礼后，自尊心也足够强大，足以面对一些失误和偶尔的失败了。

最后，关于祖父母的研究向我们展示了欢笑和嬉戏对于健康至关重要。[9] 许多人向我们吐露，隔代抚养的最好之处是，老人有能力（也很乐意）探索他们内心深处的童真，全情投入趣事中。这种嬉戏打闹的感觉被视为祖父母与孙辈互动的最佳特质之一。不难想象，这种积极、正面的态度可能是适应生活方式的一种，如与年轻一代保持联系，又过着和他们截然不同的生活。正如"快乐博士"[积极心理学专家提姆·夏普（Tim Sharp），又名"快乐博士"。——译者注] 指出的，一旦失去这种游戏感，很容易陷入枯燥乏味的生活，而人们很难战胜这种生活。在生活中发现一些笑料，如一部有趣的电影，就很有治愈感。把握住机会，重新审视我们对衰老的消极态度吧。认为衰老是一个不可避免的衰退过程这一观点，在我们前面章节提供的资料中并未得到证实。"如果我们认为自己老了，我们就会变老！"美国脱口秀演员乔治·卡林（George Carlin）在一次谈

话中曾经谈论过老年生活，下面这段话出处未经考证，但做了很好的总结：⑩

我们终将离去，无一例外，所以请不要太多虑。享受当下的美食，在阳光下散步，跳进大海游泳，像对待宝藏一样说出心中深藏的真情。做人傻一点，善良一点，特立独行一点，人生苦短，不容虚掷。

您的退休生活将因何而充满欢乐？您是否渴望与挚友欢聚？您是否享受儿孙绕膝的天伦之乐？您是否梦想踏上旅途，成为"银发行走一族"？您是否期望与自然亲近——在花园中，或是在乡间小路上漫步？您是否希望在人生的这段时光回馈社会？有无数的选择等待着您，让您保持活跃、忙碌，如您所愿，同时内心坚定、充实。

您也可以考虑以一种不羁的方式老去，做一些可能出人意料的事，或许稍显"顽皮"，不那么符合社会的期望。您的选择会受许多因素的影响，其中最重要的是您的健康和经济状况，但不要让这些选择受制于社会规范或您对可实现性的感知。

# 推荐阅读

## 学术文章

Barbosa, L. M., Monteiro, B., & Giardini Murta, S.(2016). Retirement adjustment predictors: A systematic review. *Work, Aging and Retirement, 2*(2), 262—280.

一篇关于 1995—2014 年间退休适应相关因素的系统性文献综述。

Boyle, F., & Thomson, C.(2016). Establishing an evidence base for adapting social housing for an ageing population. *Journal of Financial Management of Property and Construction, 21*(2), 137—159.

审视英国现有的社会住房存量，并探讨其如何满足老龄化人口的需求。

Calvo, E., Sarkisian, N., & Tamborini, C. R.(2013). Causal effects of retirement timing on subjective physical and emotional health. *The Journals of Gerontology. Series B, Psychological Sciences and Social Sciences, 68*(1), 73—84.

一项关于提前退休、延迟退休和"适龄"退休的研究，提出推迟退休年龄的论证。

Evans, S., Atkinson, T., Darton, R., Cameron, A., Netten, A., Smith, R., & Porteus, J.(2017). A community hub approach to older people's housing. *Quality in Ageing & Older Adults, 18*(1), 20—32.

分析了社区中心住房对退休人士和老年人的益处、障碍和促进因素。

Fisher, G. G., Chaffee, D. S., & Sonnega, A.(2016). Retirement timing: A review and recommendations for future research. *Work, Aging and Retirement, 2*(2), 230—261.

一篇关于退休时机研究深入且全面的综述，作者们识别并讨论了影响退休时机与结果之间关系的若干关键因素。

Van der Heide, I., van Rijn, R. M., Robroek, S. J. W., Burdorf, A., & Proper, K. I.(2013). Is retirement good for your health? A systematic review of longitudinal studies. *BMC Public Health, 13*(1), 1—22.

一项方法论严谨的纵向研究综述，审视了退休对白领和蓝领工作者的心理与身体健康的影响。

Vo, K., Forder, P. M., Tavener, M., Rodgers, B., Banks, E., Bauman, A., & Byles, J. E.(2015). Retirement, age, gender and mental health: Findings from the 45 and up study. *Aging & Mental Health, 19*(7), 647—657.

一项大规模研究，探讨心理困扰、退休以及退休原因之间的关系。

Wang, M., & Shi, J.(2014). Psychological research on retirement. *Annual Review of Psychology, 65*(1), 209—233.

过去二十年（至 2014 年）退休心理学方面的文献综述。

Zantinge, E. M., van den Berg, M., Smit, H. A., & Picavet, H. J.(2014). Retirement and a healthy lifestyle: Opportunity or pitfall? A narrative review of the literature.

*European Journal of Public Health, 24*(3), 433—439.

文献综述及讨论：退休是否可能与更健康生活方式的采纳相关。

# 图书

Allen, C., Bearg, N., Foley, R., & Smith, J.(2015). *The retirement boom: An all inclusive guide to money, life, and health in your next chapter*. Wayne, NJ: Career Press.

一本退休生活指导手册，根据对在职工作者和退休者的深入访谈编纂而成。内容包括如何确保资金能持续使用，如何重新调整家庭生活关系，如何提升并保持健康，如何创立并留下遗产，以及如何使生活简单化。

Coon, A., & Feuerhern, J.(2017). *Thriving in retirement: Lessons from baby boomer women*. Santa Barbara, CA: Praeger.

这是少数专注于女性退休的资源之一，这本书阐述了"婴儿潮"一代退休女性专业人士的相关议题，包含案例材料，并对如何成功应对这一人生阶段提供了建议。

Edgar, P., & Edgar, D.(2017). *Peak: Reinventing middle age*. Melbourne, Australia: Text Publishing Co.

该书重新将 50—75 岁这一年龄段定义为富有成效和活力的时期。强调这一群体对社会和经济作出的贡献，他们不再符合过去对"老年人"的陈旧刻板印象。书中还包含以各种有趣和鼓舞人心的方式"拥抱中年"的人们的简短传记。

Farrell, C.(2014). *Unretirement: How baby boomers are changing the way we think about work, community, and the good life*. London: Bloomsbury.

作者认为，传统的退休观念，如选择退出和逐渐放慢节奏已经过时。他指出，"婴儿潮"一代借助推迟退休年龄、开启新的职业道路、参与志愿活动和创业冒险延长了自己的工作生涯。人们正在"退而不休，重返职场"，因为人们认识到工作在经济、社会和个人层面的重要价值。

Friedan, B.(1993). *The fountain of age*. New York, NY: Simon and Schuster.

贝蒂·弗里丹在这本代表作中深入探讨了衰老的

积极意义，审视了新形式的亲密关系、生活目标与自我探索的可能性。她提倡一种生活方式，这种生活方式鼓励个人成长，而非仅仅关注身体的衰老。

## 电影

《关于施密特》（*About Schmidt*，新线影业）。一位"性情乖戾的退休老人"准备参加与他关系疏远的女儿的婚礼，这次旅行成为他自我探索的旅程。

《涉外大饭店》（*The Best Exotic Marigold Hotel*，二十世纪福克斯公司）。一群英国退休者前往印度，入住他们认为的一家新近翻修的酒店。他们的退休"新起点"并未如预期般顺利，但每一位性格迥异的角色都借助自己的乐趣、困难和互动，实现个人成长。

《实习生》（*The Intern*，华纳兄弟影业）。70岁的鳏夫本·惠特克厌倦了自己的退休生活。他抓住一个机会，成为一家在线时尚公司的"老年实习生"，这家公司由比他年轻一半的人运营和管理。年轻人与年长者在相互受益的方式中相互学习。

# 网站

*AgeUK* (www.ageuk.org.uk/leics/information-and-advice/useful-websites/).

该网站收录了针对老年人的网站目录。

*Eldercare (US)* (www.eldercare.gov/eldercare.NET/Public/index.aspx).

该网站为老年人及其家庭提供服务链接，包含一系列美国联邦政府网站目录，这些网站提供了关于一系列关键的老年护理问题的详尽信息。

*Retirement Matters (UK)* (www.retirement-matters.co.uk/).

该网站提供有关退休相关产品与服务的信息，涵盖旅游、金融与法律、健康与生活方式等。

*Starts at Sixty* (StartsatSixty.com) and *Your Life Choices* (yourlifechoices.com.au).

该网站提供健康、生活方式、房产、财务、科技、娱乐、饮食、旅行和游戏等方面的信息，同时提供观点文章、时事报道和可能引起老年人兴趣的热门话题。

*UK government retirement website* (www.gov.uk/

plan-retirement-income).

该网站提供有关规划退休收入的信息。

*US government retirement website* (www.usa.gov/
retirement).

该网站提供有关美国退休和养老金福利的基本
信息。


此外,大多数国家的政府均设有官方网站,专门
提供关于退休财务规划、老年护理服务获取途径以及其
他与退休老年人息息相关的议题的详尽信息。

# 参考文献

## 第一章

① Office for National Statistics (UK). (2015). *How has life expectancy changed over time?* Retrieved from http://visual.ons.gov.uk/how-has-life-expectancy-changed-over-time/.

② Office for National Statistics (UK). (2016). *National life tables: 2013—2015*. Retrieved from www.ons.gov.uk/peoplepopulationandcommunity/birthsdeathsandmarriages/lifeexpectancies/bulletins/nationallifetablesunitedkingdom/20132015.

③ Wikipedia.(2017). *Retirement age*. Retrieved

from https://en.wikipedia.org/wiki/Retirement_age.

Cutler, D. M., Meara, E., & Richards-Shubik, S.(2011). *Healthy life expectancy: Estimates and implications for retirement age policy*. Research Report. Retrieved January 29, 2017, from www.nber.org/aging/rrc/papers/orrc10-11.pdf.

Forette, F., Salord, J.-C., & Brieu, A.-M.(2008). *Living longer, working longer: A French challenge*. Research Report. Retrieved January 29, 2017, from www.ilc-alliance.org/images/uploads/publicationpdfs/Article_living_longer_working_longer.pdf.

④ *Australian advertising slogan aimed at retirees*. Retrieved from www.sunsuper.com.au/thedreamproject/retirement-is-the-new-promotion.

⑤ Moore, S. M., & Rosenthal, D. A.(2017). *Australian women in retirement survey*. Final Research Report. Unpublished document available from the authors.

⑥ Wang, M., & Shi, J.(2014). Psychological research on retirement. *Annual Review of Psychology, 65*, 209—233.

⑦ Weiss, R. S.(2005). *The experience of retirement*. New York, NY: Cornell University Press.

⑧ Moore, S. M. & Rosenthal D. A.(2017). *Australian women in retirement survey*.

Hershey, D. A., & Henkens, K.(2013). Impact of different types of retirement transitions on perceived satisfaction with life. *The Gerontologist, 54*(2), 232—244.

⑨ Everingham, C., Warner-Smith, P., & Byles, J.(2007). Transforming retirement: Re-thinking models of retirement to accommodate the experiences of women. *Women's Studies International Forum, 30*(6), 512—522.

⑩ Schlossberg, N.(2004). *Retire smart, retire happy: Finding your true path in life*. Washington, DC: American Psychological Association.

⑪ Voltaire, *Candide*, Ch. 30.

⑫ Jahoda, M., Lazarsfeld, P., & Zeisel, H.(2002). *Marienthal: The sociography of an unemployed community*. Piscataway, NJ: Transaction Publishers.

⑬ *Retirement: A full-time job*. Retrieved from http://retiredsyd.typepad.com/retirement_a_fulltime_

job/2013/05/finding-a-new-identity-in-retirement.html.

# 第二章

① Cussen, M. P.(2017). Journey through the six stages of retirement. *Investopedia*. Retrieved from www. investopedia.com/articles/retirement/07/sixstages.asp.

② Kiso, H., & Hershey, D. A.(2017). Working adults' metacognitions regarding financial planning for retirement. *Work, Aging and Retirement, 3*(1), 77—88.

③ Van den Bogaard, L.(2017). Leaving quietly? A quantitative study of retirement rituals and how they affect life satisfaction. *Work, Aging and Retirement, 3*(1), 55—65.

④ Price, C. A., & Nesteruk, O.(2015). What to expect when you retire: By women for women. *Marriage and Family Review, 51*(5), 418—440, p.424.

⑤ Ibid, p.425.

⑥ Erikson, E. H.(1963). *Childhood and society*.

New York, NY: Norton.

⑦ Fisher, G. G., Chaffee, D. S., & Sonnega, A.(2016). Retirement timing: A review and recommendations for future research. *Work, Aging and Retirement, 2*(2), 230—261.

⑧ Warren, D. A.(2015). Retirement decisions of couples in Australia: The impact of spousal characteristics and preferences. *Journal of the Economics of Ageing, 6*, 149—162.

⑨ Gustman, A. L., & Steinmeier, T. L.(2005). The social security early entitlement age in a structural model of retirement and wealth. *Journal of Public Economics, 89*(2), 441—463.

⑩ Lumsdaine, R. L., & Vermeer, S. J. C.(2015). Retirement timing of women and the role of care responsibilities for grandchildren. *Demography, 52*(2), 433—454.

## 第三章

① 来自我们研究的参与者。除非另有说明，所有其他引用均来自我们研究的参与者。

② Statistic Brain Research Institute.(2016). *Gender pay gap statistics*. CA, USA. Retrieved from https://www.statisticbrain.com/gender-pay-gap-statistics/.

③ Economic Policy Institute.(2017). Retrieved from www.cnbc.com/2016/09/12/heres-how-much-the-average-american-family-has-saved-for-retirement.html.

④ Express.(2017). Retrieved from www.express.co.uk/news/uk/782041/pension-warning-retirement-savings-britain-money-crisis.

⑤ European Commission.(2015). *Database on women and men in decision-making*. Retrieved from ec.europa.eu/europe2020/pdf/.../nrp2015_austria_annex1_1_en.pdf.

⑥ U.S. Bureau of Labor Statistics.(2014). Retrieved from www.bls.gov/opub/mlr/2014/home.htm.

⑦ Golladay, C. (2016). Schwab survey finds major differences in how male and female millennials view retirement. *Business Wire*, USA. Retrieved from www. businesswire.com/news/home/20161115005264/en/ Schwab-Survey.

⑧ Lusardi, A., & Mitchell, O. S.(2011). Financial literacy and retirement planning in the United States. *Journal of Pension Economics and Finance, 10*(4), 509—525.

⑨ 正确答案是：（1）超过 102 美元；（2）比今天少；（3）错。

⑩ Global Financial Literary Excellence Center. (2017). *Women and financial literacy: OECD/INFE evidence, survey and policy responses report.* Russia Financial Literacy and Education Trust Fund, George Washington University, Washington, DC.

⑪ Bucher-Koenen, T., Lusardi, A., Alessie, R. J. M., & van Rooij, M. C. J. (2016). *How financially literate are women? An overview and new insights.* Working Paper 2016-1, Global Financial Literary Excellence Center.

⑫ 理查·丹尼斯（Richard Denniss），首席经济学家，澳大利亚研究所前执行董事。

⑬ OECD.(2017). *Pension policy notes and reviews*. Retrieved from www.oecd.org/pensions/policy-notes-and-reviews.htm.


## 第四章

① World Health Organisation.(2011). *Global health and aging*. Bethesda, MD: WHO.

② Hessel, P.(2016). Does retirement(really) lead to worse health among European men and women across all educational levels? *Social Science & Medicine, 151*, 19—26.

③ Eibich, P.(2015). Understanding the effect of retirement on health: Mechanisms and heterogeneity. *Journal of Health Economics, 43*, 1—12.

④ Holt-Lunstad, J., Smith, T. B., & Layton, J. B.(2010). Social relationships and mortality risk: A meta-analytic review. *PLoS Medicine, 7*(7), e1000316.

⑤ Zhu, R.(2016). Retirement and its consequences for women's health in Australia. *Social Science & Medicine,*

*163*, 117—125.

⑥ Helldán, A., Lallukka, T., Rahkonen, O., & Lahelma, E.(2012). Changes in healthy food habits after transition to old age retirement. *European Journal of Public Health, 22*(4), 582—586.

⑦ Dave, D., Rashad, I., & Spasojevic, J.(2008). The effects of retirement on physical and mental health outcomes. *Southern Economic Journal, 75*(2), 497—523.

⑧ Heybroek, L., Haynes, M., & Baxter, J.(2015). Life satisfaction and retirement in Australia: A longitudinal approach. *Work, Aging and Retirement, 1*(2), 166—180.

⑨ Sahlgren, G. H.(2013). *Work longer, live*. IEA Discussion Paper No.46, Institute of Economic Affairs, UK.

⑩⑪ Barbosa, L. M., Monteiro, B., & Giardini Murta, S.(2016). Retirement adjustment predictors: A systematic review. *Work, Aging and Retirement, 2*(2), 262—280.

⑫ Bamburger, P. A.(2015). Winding down and boozing up: The complex link between retirement and alcohol misuse. *Work, Aging and Retirement, 1*(1), 92—111.

⑬ Holdsworth, L., Hing, N., & Breen, H.(2012). Exploring women's problem gambling: A review of the literature. *International Gambling Studies, 12*(2), 199—213.

⑭ Sjösten, N. M., Kivimäki, M., Singh-Manoux, A., Ferrie, J. E., Goldberg, M., Zins, M., Pentti, J., Westerlund, H., & Vahtera, J.(2012). Change in physical activity and weight in relation to retirement: The French GAZEL Cohort Study. *BMJ Open, 2*(1), e000522.

⑮ Duberley, J., Carmichael, F., & Szmigin, I.(2014). Exploring women's retirement: Continuity, context and career transition. *Gender, Work and Organization, 21*(1), 71—90.

# 第五章

① Tambourini, C. R.(2007). The never-married in

old age: Projections and concerns for the near future. *Social Security Bulletin, 67*(2), 25—40.

② Patulny, R.(2009). The golden years? Social isolation among retired men and women in Australia. *Family Matters, 83*, 39—47.

③ Damman, M., & van Duijn, R.(2017). Intergenerational support in the transition from work to retirement. *Work, Aging and Retirement, 3*(1), 66—76.

④ Rosenthal, D. A., & Moore, S. M.(2012). *New age nanas: Being a grandmother in the 21st century*. Newport, NSW, Australia: Big Sky Publishing, pp.79—80.

⑤ Rosenthal, D. A., & Moore, S. M.(2012). *New age nanas: Being a grandmother in the 21st century*. Newport, NSW, Australia: Big Sky Publishing, pp.79—80.

Moore, S. M., & Rosenthal, D. A.(2016). *Grandparenting: Contemporary perspectives*. London: Taylor & Francis.

Moore, S. M., & Rosenthal, D. A.(2014). Personal growth, grandmother engagement and satisfaction among non-custodial grandmothers. *Aging and Mental Health, 19*(2), 136—143.

⑥ Thiele, D. M., & Whelan, T. A.(2008). The relationship between grandparent satisfaction, meaning and generativity. *International Journal of Aging and Human Development,* *66*(1), 21—48.

*The Berlin aging study.* Retrieved from www.base-berlin.mpg.de/en.(Study finds grandparents who babysit live longer.)

⑦ Grigoryeva, A.(2014). *When gender trumps everything: The division of parent care among siblings.* American Sociological Association's 109th Annual Meeting, San Francisco.

⑧ Social Security Office of Retirement Policy(USA). (2016). *Population profiles.* Retrieved from www.ssa.gov/retirementpolicy/fact-sheets/marital-status-poverty.html.

Tamborini, C. R.(2007). The never-married in old age: Projections and concerns for the near future. *Social Security Bulletin, 67*(2), 25—40.

⑨ Kendig, H., Gong, C. H., Cannon, L., & Browning, C.(2017). Preferences and predictors of aging in place: Longitudinal evidence from Melbourne, Australia. *Journal of Housing for the Elderly, 31*(3), 259—271.

⑩ Patulny, R. (2009). The golden years? Social isolation among retired men and women in Australia. *Family Matters, 83*, 39—47.

⑪ Eisenberg, R.(2016). *Retirement life: Men and women do it very differently*. Retrieved from www. forbes.com/sites/nextavenue/2016/04/20/retirement-life-women-and-men-do-it-very-differently/#4eb395bb3dd8.

⑫ Dixon, G.(2017). *What lonely over-60s miss the most*. Retrieved from www.oversixty.com.au/health/caring/2017/01/what-lonely-over-60s-miss-the-most/.

⑬ Hawkley, L. C., Hughes, M. E., Waite, L. J., Masi, C. M., Thisted, R. A., & Cacioppo, J. T.(2008). From social structural factors to perceptions of relationship quality and loneliness: The Chicago health, aging, and social relations study. *Journals of Gerontology Series B: Psychological Sciences and Social Sciences, 63*(6), S375—S384.

Hawkley, L. C., & Cacioppo, J. T.(2007). Aging and loneliness. *Current Directions in Psychological Science,*

$16(4)$, 187—191.

⑭ Holt-Lunstad, J., Smith, T. B., & Layton, J. B.(2010). Social relationships and mortality risk: A meta-analytic review. *PLoS Medicine, 7*(7), e1000316.

⑮ Steptoe, A., Shankar, A., Demakakos, P., & Wardle, J.(2013). Social isolation, loneliness, and all-cause mortality in older men and women. *Proceedings of the National Academy of Sciences of the United States of America, 110*(15), 5797—5801.

⑯ Steffens, N. K., Cruwys, T., Haslam, C., Jetten, J., & Haslam, S. A.(2016). Social group memberships in retirement are associated with reduced risk of premature death: Evidence from a longitudinal cohort study. *BMJ Open, 6*(2), e010164.

⑰ Steptoe, A., Shankar, A., Demakakos, P., & Wardle, J.(2013). Social isolation, loneliness, and all-cause mortality in older men and women. *Proceedings of the National Academy of Sciences of the United States of America, 110*(15), 5797—5801.

⑱ Greenfield, E. A., & Marks, N. F.(2004). Formal

volunteering as a protective factor for older adults' psychological well-being. *The Journal of Gerontology. Series B Psychological Science and Social Sciences, 59*(5), S258—S264.

⑲ Steptoe , A., Shanker, A., Demakakos, P ., & Wardle, J.(2013). Social isolation, loneliness, and all-cause mortality in older men and women. *Proceedings of the National Academy of Sciences of the United States of America, 110*(15), 5797—5801.

⑳ Stanley, I. H., Conwell, Y., Bowen, C., & Van Orden, K. A.(2014). Pet ownership may attenuate loneliness among older adult primary care patients who live alone. *Aging & Mental Health, 18*(3), 394—399.

## 第六章

①② Wang, M., & Shi, J.(2014). Psychological research on retirement. *Annual Review of Psychology, 65*, 209—233.

Reitzes, D. C., & Mutran, E. J.(2004). The transition to retirement: Stages and factors that influence retirement adjustment. *International Journal of Aging and Human Development, 59*(1), 63—84.

Reitzes, D. C., Mutran, E. J., & Fernandez, M. E.(1996). Preretirement influences on postretirement self-esteem. *The Journal of Gerontology Series B: Psychological Sciences and Social Sciences, 51B*(5), S242—S249.

Reitzes, D. C., & Mutran, E. J.(2006). Lingering identities in retirement. *The Sociological Quarterly, 47*(2), 333—359.

③ Topa, G., & Alcover, C.(2015). Psychosocial factors in retirement intentions and adjustment: A multi-sample study. *Career Development International, 20*(4), 384—408.

④ Topa, G., & Alcover, C.(2015). Psychosocial factors in retirement intentions and adjustment: A multi-sample study. *Career Development International, 20*(4), 384—408.

Zaniboni, S., Sarchielli, G., & Fraccaroli, F.(2010). How

are psychosocial factors related to retirement intentions? *International Journal of Manpower, 31*(3), 271—285.

⑤⑥ Barnes, H., & Parry, J.(2004). Renegotiating identity and relationships: Men and women's adjustments to retirement. *Ageing and Society, 24*(2), 213—233.

⑦ Herron, A.(2017). *Male engineers extending working life: Issues in ongoing professional practice development*. PhD thesis, Faculty of Business and Law, Swinburne University of Technology, Australia. Retrieved from https://researchbank.swinburne.edu. au/file/2df8798a-58c1-4c20-acf9-e38361ab2d24/1/ Alison%20Herron%20Thesis.pdf.

⑧ Price, C. A.(2003). Professional women's retirement adjustment: The experience of reestablishing order. *Journal of Aging Studies, 17*(3), 341—355.

⑨ Ibid, p.348.

⑩ Borrero, L., & Kruger, T. M.(2015). The nature and meaning of identity in retired professional women. *Journal of Women and Aging, 27*(4), 309—329.

⑪ Reitzes, D. C., & Mutran E. J.(2006). Lingering

identities in retirement. *The Sociological Quarterly, 47*(2), 333—359, p.354.

⑫ Teuscher, U.(2010). Change and persistence of personal identities after the transition to retirement. *International Journal of Aging and Human Development, 70*(1), 89—106.

⑬ Moore, S. M., & Rosenthal, D. A.(2017). *Australian women in retirement survey*. Final Research Report. Unpublished document available from the authors.

# 第七章

① Friedan, B.(1993). *The fountain of age*. New York, NY: Simon and Schuster.

② Karpen, R. R.(2017). Reflections on women's retirement. *Gerontologist, 57*, 103—109, p.108.

③ Earl, J. K., Gerrans, P., & Halim, V. A.(2015). Active and adjusted: Investigating the contribution of leisure, health and psychosocial factors to retirement adjustment. *Leisure Sciences, 37*(4), 354—372.

④ Jaumont-Pascual, N., Monteagudo, M. J., Kleiber, D. A., & Cuenca, J.(2016). Gender differences in meaningful leisure following major later life events. *Journal of Leisure Research, 48*(1), 83—103.

⑤ Earl, J.(2017). *Engaging employees in retirement planning makes business sense*. Retrieved from indaily. com.au.

⑥ See *Dr Happy's tips for positive thinking*. Retrieved from www.drhappy.com.au.

⑦ Edgar, P., & Edgar, D.(2017). *Peak: Reinventing middle age*. Melbourne, Australia: Text Publishing Co.

⑧ Ibid., p.92

⑨ Rosenthal, D. A., & Moore, S. M.(2012). *New age nanas: Being a grandmother in the 21st century*. Newport, NSW, Australia: Big Sky Publishing, pp.79—80.

⑩ Your Life Choices. (2017). *George Carlin talks "getting old"*. Retrieved from yourlifechoices.com.au.

**图书在版编目（CIP）数据**

退休心理学 /（澳）多琳·罗森塔尔（Doreen Rosenthal），（澳）
苏珊·M.摩尔（Susan M. Moore）著；陈珊珊译. — 上海：上海教育出
版社,2024.11.—（万物心理学书系）.—ISBN 978-7-5720-2925-7

Ⅰ. C913.6；B844.4；R161.7

中国国家版本馆CIP数据核字第2024HM7628号

The Psychology of Retirement 1st Edition / By Doreen Rosenthal and Susan Moore /
ISBN：978-0-8153-4708-8

责任编辑　金亚静　林　婷
整体设计　闻人印画

**退休心理学**
（澳）多琳·罗森塔尔（Doreen Rosenthal）
（澳）苏珊·M.摩尔 （Susan M. Moore）著
陈珊珊　译

| | |
|---|---|
| 出版发行 | 上海教育出版社有限公司 |
| 官　　网 | www.seph.com.cn |
| 地　　址 | 上海市闵行区号景路159弄C座 |
| 邮　　编 | 201101 |
| 印　　刷 | 上海叶大印务发展有限公司 |
| 开　　本 | 787×1092　1/32　印张 5.75 |
| 字　　数 | 89 千字 |
| 版　　次 | 2025年1月第1版 |
| 印　　次 | 2025年1月第1次印刷 |
| 书　　号 | ISBN 978-7-5720-2925-7/B·0073 |
| 定　　价 | 48.00 元 |

如发现质量问题，读者可向本社调换　　电话：021-64373213